Inhalt

Zu diesem Buch

Die VERITAS-LERNHILFE „Verfassen von Texten“ (Aufsätzen) zeigt einen sicheren Weg zur Verbesserung der Schulleistungen in diesem Lernbereich des Deutschunterrichtes. Das Buch ist vor allem für **Schüler der 3. und 4. Schulstufe** der Volksschule gedacht.

Es dient
- zum Nachholen von Versäumtem,
- zum Wiederholen von Vergessenem,
- zum Festigen von Gelerntem,
- zur Vorbereitung auf die höhere Schule und
- zum leichteren Einstieg in die Hauptschule (Einstufung in eine höhere Leistungsgruppe in der 1. Klasse).

Lehrern kann die VERITAS-LERNHILFE als Stoff- und Beispielsammlung im Unterricht, insbesondere im Förderunterricht der 3. und 4. Klasse der Volksschule (und evtl. auch der 1. Klasse der Hauptschule), dienen.
Eltern können dieses Buch als Grundlage für den häuslichen Nachhilfeunterricht verwenden.
Alle Übungen sind abwechslungsreich gestaltet und unterhaltsam, motivieren die Schüler zum Mittun und sprachlichen Handeln.
In den meisten Fällen können auch die Lösungen der Übungsaufgaben im Anhang nachgelesen werden, sodass die Kinder mit dem Buch auch selbstständig üben können.
Dieser Band enthält Aufsatzübungen bzw. Übungen zum Verfassen von Texten verschiedenster Art.
Ein weiterer Band enthält Sprach- und Rechtschreibübungen und hilft, Verstöße gegen den richtigen Sprachgebrauch und die richtige Schreibweise auszumerzen.

Die VERITAS-LERNHILFE „Verfassen von Texten“ ist nach den neuesten Lehrplänen der 3. und 4. Klasse der Volksschule (Grundschule) abgefasst. Fast alle Übungen wurden in der Volksschule erprobt.

Viel Freude am Lernen und viel Erfolg wünschen

die Herausgeber.

Auch du kannst Aufsätze schreiben

Das Verfassen von Texten kann jeder erlernen, wenn er den guten Willen hat und fleißig übt. Wie, das soll dir mit Hilfe dieses Buches gezeigt werden.
Du kannst die Übungen der Reihe nach durcharbeiten oder nur das üben, was du noch nicht gut kannst. Zumeist wird von Beispielen ausgegangen. Dann erfährst du durch eingerahmte Stellen, was besonders wichtig ist. Im Anschluss daran findest du Übungsaufgaben, deren Lösungen du im Anhang nachlesen kannst.

Vor jedem Aufsatz sollst du dich fragen:

- Aus welchem Anlass will ich diesen Text verfassen?
- Wem will ich schreiben, für wen ist der Text bestimmt?
- Welchem Zweck soll der Text dienen? Soll er beispielsweise den Leser unterhalten, ihn belehren oder informieren, etwas erwirken, den Leser überzeugen, oder soll der Text dir selber dienen (z. B. als Merkhilfe)?
- Was will ich schreiben? Was will ich dem Leser mitteilen?
- Wie, also mit welchen Worten und in welcher sprachlichen Form, soll ich den Text abfassen?

Wenn du keinen Leser für deine Niederschrift zu haben glaubst, stelle dir einen Leser (einen Freund, eine Mitschülerin) vor.

Geh beim Schreiben folgendermaßen vor:

- Notiere dir vorerst in Stichworten alles, was dir zum Thema einfällt.
- Dann bringe diese Gedanken in eine sinnvolle Ordnung.
- Anschließend entwirf auf einem Blatt Papier eine zusammenhängende Niederschrift. Lass dabei aber große Zeilenabstände, damit du Korrekturen und Änderungen anbringen kannst.
- Lies diesen Entwurf mehrmals durch und überprüfe, ob du die für diese Textsorte geltenden Stilratschläge berücksichtigt hast. Wenn notwendig, überarbeite den Entwurf.
- Erst danach fertige eine Reinschrift für den Leser an. Dabei bemühe dich um eine deutliche, gut lesbare Handschrift.

Rechtschreibfehler und Verstöße gegen die Sprachrichtigkeit kannst du mit Hilfe der VERITAS-LERNHILFE „Sprach- und Rechtschreibübungen“ ausmerzen oder zumindest verringern. Lass dich aber beim Verfassen von Texten nicht abhalten, ein Wort zu verwenden, von dem du nicht weißt, wie man es richtig schreibt. Schlage erst nachträglich im Wörterbuch nach.
Wenn du fleißig übst und die Ratschläge, die dir in diesem Buch gegeben werden, befolgst, wirst du staunen, wie bald sich ein Erfolg einstellt.

Wie du mit Texten den Leser unterhalten kannst

Über Erlebnisse schreiben

1

Die Ferien sind vorbei. Du hast gewiss viel Mitteilenswertes gesehen und erlebt, zu Hause, auf einer Reise, bei einem Landaufenthalt, am Meer.

Erzähle deinen Freunden und Freundinnen davon!

2

Angelika (3. Klasse) wollte ihrer Kusine, die in einem anderen Bundesland wohnt, von ihrem Ferienerlebnis erzählen. Sie schrieb folgenden Brief:

Liebe Katrin!
Im Juli waren meine Eltern und ich einige Wochen am Neusiedler See. Dort besuchte ich mit meinem Vater eine Segelschule. Am Anfang war das Segeln für mich sehr schwierig, doch nach einigen Tagen konnte ich mit dem Boot schon kreuzen. Bei leichtem Wind war es auf dem See wunderschön. An einem Nachmittag aber zog plötzlich ein Gewitter auf. Da musste ich schnell zur Bootsanlegestelle zurück. Bei einem Gewitter ist das Segeln nämlich gefährlich. Wir schafften es gerade noch rechtzeitig.
Erzähle auch du mir von einem Erlebnis während der Ferien!

Viele liebe Grüße
deine Angelika

Nimm an, du wärest Katrin und wolltest den Brief beantworten! Was würdest du schreiben? Verfasse einen Antwortbrief!

3

Walters Lehrer (Walter besucht die 3. Klasse) machte den Vorschlag, Ferienerlebnisse aufzuschreiben und sie in der monatlich erscheinenden Klassenzeitung zu veröffentlichen. Die Leser (Mitschüler, Eltern) sollten durch die Texte unterhalten werden.
Hier einige
Beispiele aus der Klassenzeitung:

a) Verirrt

Beim letzten Sonntagsausflug ging es uns schlecht. Meine Eltern und ich machten eine Wanderung in eine unbekannte Gegend. Am Morgen war es zwar bedeckt, doch warm. Im Laufe des Tages wurde es kühler und dichter Nebel fiel ein. Wir beschlossen daher umzukehren. Dabei verirrten wir uns. Vergeblich suchten wir nach einer Markierung oder nach Hinweistafeln. Als es bereits dunkel wurde, erreichten wir ein Bauernhaus. Da bekamen wir Auskunft.
Nun schlugen wir den richtigen Weg ein. Erst spät abends kamen wir müde zu Hause an.

Gerhard, 4. Klasse

b) Glück gehabt

Im Sommer war ich mit meinen Geschwistern bei meiner Tante in Oberösterreich. Dort besuchten wir einmal ein „Ponyhotel". Um 50 Schilling konnte man auf diesem Bauernhof eine halbe Stunde auf einem Pony reiten. Viele Kinder waren anwesend. Ich fragte meine Tante, ob ich auch einmal reiten dürfe. Meine Tante erlaubte es. Da holte der Wärter ein Pony aus dem Stall. Ich wurde in den Sattel gehoben und durfte ganz allein einen Waldweg entlang reiten. Auf dem Rückweg fing das Pferdchen zu laufen an. Es wollte anscheinend schon zurück in den Stall. Ich bekam Angst und wäre beinahe vom Pony gefallen. Mit aller Kraft hielt ich mich am Sattel fest. Aber es ging alles gut. Da hatte ich Glück gehabt.

Gertrude, 4. Klasse

c) Das ging noch gut aus

An einem schönen Sonntag fuhren meine Eltern, mein Bruder und ich nach Stangau. Dort haben wir ein Wochenendhaus. Im Garten des Hauses ist auch ein Schwimmbecken. Als wir ankamen, begannen mein Bruder und ich sofort, Blätter aus dem Wasser des Schwimmbeckens zu fischen. Das ging eine Weile gut,

doch plötzlich fiel mein Bruder ins Wasser. Er hatte sich zu weit vorgebeugt. Zum Glück schien die Sonne, und die Kleider wurden bis zum Abend wieder trocken.

Martina, 4. Klasse

Schreib einen der Aufsätze ab und lerne ihn dann auswendig!
An einem der nächsten Tage schreib ihn aus dem Gedächtnis nieder!

Erzähle in der richtigen Reihenfolge!

4 → L

Walter (3. Klasse) hat für die Klassenzeitung den folgenden Text abgegeben. Als ihn seine Mitschüler lesen, kennen sie sich nicht aus. „Da stimmt der zeitliche Ablauf nicht", sagt Irene gleich.

Lies den Text und schreibe die Sätze dann in der richtigen Reihenfolge auf!

Am Morgen

Um sieben Uhr stehe ich auf. Das Frühstück ist schon gerichtet. Auf dem Sessel liegen die Kleider. Ich wasche mich. Die ziehe ich dann an. Ich trinke den Kaffee und esse ein Butterbrot. Die Mutter ruft. Dann packe ich meine Schulsachen ein. Wenn ich fertig bin, gehe ich zur Schule.

5 → L

Auch in der folgenden Geschichte von Konrad (3. Klasse) werden die Ereignisse nicht in der richtigen zeitlichen Reihenfolge dargestellt.

Schreib den Text ab und bringe die Sätze in die richtige Reihenfolge! Nummeriere sie jedoch vorher!

Wie ich einmal meine Schwester erschreckt habe

	Gestern durfte auch meine kleine Schwester Gerlinde noch die Abendsendung im Fernsehen anschauen.
	Sonst muss sie immer zeitiger als ich zu Bett gehen.
	Da hatte ich einen Einfall.
	Kürzlich hatte ich die Nachbildung einer Blindschleiche von meinem Freund Walter geschenkt bekommen.
	Leise schlich ich mich aus dem Zimmer und legte meine Gummischlange in ihr Bett.
	Dann schlich ich wieder ins Wohnzimmer zurück und guckte der Handlung des Films zu.
	Ich kroch in mein Bett.
	Meine Schwester hatte die Schlange entdeckt!
	Da verkroch ich mich unter die Decke und stellte mich schlafend.
	Laut schreiend stürzte sie aus dem Zimmer.
	Wenig später war der Film zu Ende.
	Mutti forderte uns sogleich auf, uns zu waschen und zu Bett zu gehen.
	Kurz danach vernahm ich einen Schreckensruf.

Schreibe ebenfalls über das Thema „So ein Schreck" einen Aufsatz und beachte die richtige Reihenfolge!

6

→ L

Auch Michael hat in seinem Aufsatz nicht folgerichtig erzählt, sodass der Zusammenhang dem Leser nicht sogleich klar wird.

Stelle den Aufsatz richtig!

Eile mit Weile

Meine Eltern und ich befanden uns mit unserem Auto auf der Fahrt nach Kärnten. Bei Knittelfeld überholte uns trotz des starken Gegenverkehrs ein Wagen mit italienischem Kennzeichen. Dabei schnitt er unser Fahrzeug. Mein Vater musste stark bremsen. Er wollte ja keinen Unfall bauen. Bald darauf war der Italiener unseren Blicken entschwunden. Nach einigen Kilometern überholte uns an einer unübersichtlichen Stelle ein Porsche. Sein Tempo war unheimlich schnell. Nach der Kurve erblickten wir dann die Bescherung. Vater verständigte im nächsten Ort die Gendarmerie. Meine Mutter leistete erste Hilfe. Quer auf der Straße stand das italienische Auto. Es war dasselbe, das uns wenige Minuten vorher verkehrswidrig überholt hatte. Im Straßengraben daneben lag der Porsche auf dem Dach.

Hast du auch schon einmal einen Verkehrsunfall beobachtet? Berichte darüber!

Erzähle zusammenhängend und setze nichts voraus, was der Leser nicht wissen kann!

7

Was sagst du zu den folgenden Aufsätzen für die Klassenzeitung?

Ein schönes Ferienerlebnis

Wir waren in Mariazell. Es war immer schönes Wetter. Wir sind zum Erlaufsee gefahren. Vati hat ein Boot für uns gemietet. Wir sind ganz weit draußen gefahren.

Marion, 3. Klasse

In den Ferien

In den Ferien war ich bei meiner Großmutter. Da habe ich Heu gemacht. Dann haben wir Korn geschnitten. Und dann sind wir in den Wald gegangen und haben Schwammerln gesucht. Ich habe am meisten gefunden. Sie haben uns geschmeckt.

Werner, 3. Klasse

In diesen Aufsätzen kann der Leser den Zusammenhang nur erahnen. Die Schüler setzen auch voraus, dass der Leser weiß, wer mit „wir" gemeint ist.

Versuche die beiden Aufsätze so zu überarbeiten, dass dem Leser der Zusammenhang klar wird! Einzelheiten kannst du dir selber ausdenken. Beginne etwa so:

In den Ferien war ich mit meinen Eltern und meiner Schwester in Mariazell. Dort hatten wir immer schönes Wetter. Deshalb sind wir einmal zum Erlaufsee gefahren. Am Seeufer ...

In einem Text sollten die Sätze wie bei einem Gewebe miteinander verflochten sein. Jeder Satz sollte zum Thema passen und an den Inhalt eines vorhergehenden Satzes anknüpfen.

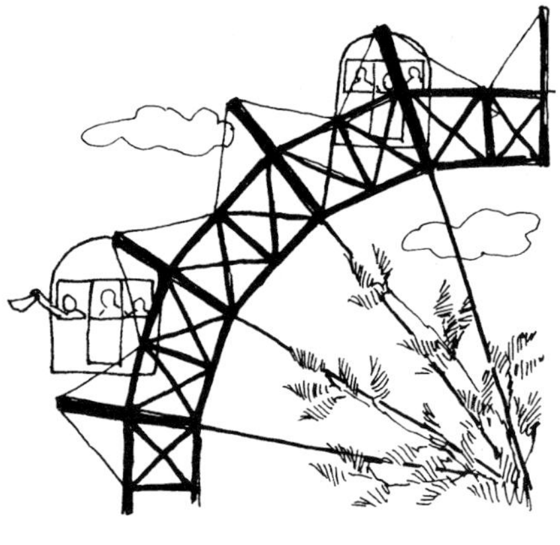

Beispiel:

Eine Fahrt mit dem Riesenrad

1	So ein großes Rad habe ich noch nie gesehen.	Der Inhalt des Satzes knüpft an die Überschrift an.
2	Es besteht aus vielen Kabinen.	„Es" steht stellvertretend für das Wort „Rad", von dem im ersten Satz die Rede war.
3	Sie sehen aus wie Eisenbahnwagen.	Mit „Sie" wird an das Wort „Kabinen" im vorherigen Satz angeknüpft.
4	Ich stieg in eine solche Kabine ein.	Anknüpfung durch „Kabine".
5	Auf ein Zeichen des Besitzers dreht sich das Rad ruckartig um die eigene Achse und die Kabinen werden in die Höhe gehoben.	Durch Wiederholung des Wortes „Rad" wird an den 2. Satz angeknüpft, das Wort „Kabinen" stellt den Zusammenhang zum 4. Satz her.
6	Auch ich durfte in einen dieser Wagen einsteigen und mich in die Höhe tragen lassen.	Der Zusammenhang wird durch Wiederholung des Wortes „Wagen" hergestellt.
7	Bald schwebte ich über den Köpfen der Zuschauer.	Das Wort „schwebte" stellt einen inhaltlichen Zusammenhang zum 6. Satz her.
8	Mit einem Taschentuch winkte ich den Leuten aus dem Fenster zu.	Der Zusammenhang wird durch das Wort „Leute" hergestellt, das als Ersatz für „Zuschauer" steht.
9	Wie klein die Leute da unten doch aussahen.	Der Zusammenhang zum vorherigen Satz wird durch Wiederholung des Wortes „Leute" hergestellt.
10	Nach einigen Minuten war ich mit meiner Kabine an der höchsten Stelle angelangt.	Mit dem Wort „Kabine" wird auf den Inhalt des 6. Satzes Bezug genommen.
11	Von dort aus konnte ich große Teile Wiens überblicken.	Das Wort „dort" knüpft an die „höchste Stelle" des 10. Satzes an.
12	Dann ging es wieder abwärts.	Der Satz nimmt Bezug auf das Thema (Fahrt mit dem Riesenrad).
13	Dabei kribbelte es mir im Magen.	Mit dem Wort „dabei" wird auf das Abwärtsfahren im 12. Satz verwiesen.
14	Ich war froh, als ich nach dieser Fahrt wieder aussteigen konnte.	Der letzte Satz nimmt wieder inhaltlich auf das Gesamtthema, die Fahrt, Bezug und schließt ab.

✷ 8

*Versuche zu den folgenden **Themen** eine Geschichte zu schreiben! Achte dabei besonders auf den Zusammenhang! Als Leser nimm deine Mitschüler an!*

Wie ich einmal etwas angestellt habe

Wie ich mich einmal gefürchtet habe

Da musste ich aber lachen!

Glück im Unglück

Eine Überraschung

Als ich einmal schwer krank war

Ein Erlebnis mit einem Tier

Ein missglückter (gelungener) Streich

Ich erinnere mich noch genau ...

Vermeide gleiche Satzanfänge!

9 → *L*

Beurteile den folgenden Aufsatz, den Peter für die Klassenzeitung verfasst hat:

Wenn ich in die Schule gehe

Am Morgen warte ich immer auf meinen Freund Kurt. Da gehen wir miteinander die Hauptstraße hinunter. Da kommen viele Autos und Radfahrer. Da müssen wir Acht geben, dass wir nicht überfahren werden. Am Kirchenplatz ist ein Zuckerbäcker. Da sind immer gute Sachen in der Auslage. Da schauen wir gern hinein. Wenn die Kirchturmuhr dreiviertel acht schlägt, laufen wir schnell zur Schule. Da kommen wir gerade noch zurecht.

Arbeite den Aufsatz um, vermeide jedoch die gleichen Satzanfänge!

10

*Wie man die **Sätze beginnen** kann, soll dir das folgende Beispiel zeigen:*

Wir bauen einen Schneemann

Es hat geschneit. Wir (Hurra, da) durften (wir) im Schulhof einen Schneemann bauen(!). Wir (Gleich) formten (wir) zwei große Schneeballen. Wir (Voll Eifer) wälzten (wir) sie im Schnee zu großen Kugeln. Wir (Mit vereinten Kräften) stellten (wir) dann unseren Schneemann auf. Wir (Zum Schluss) setzten (wir) ihm noch zwei Kohlenstücke als Augen und eine Karotte als Nase ein. Gefällt euch das?

Schreib den Text ab, verwende jedoch die Satzanfänge, die zwischen den Klammern stehen!

11 → L

Überarbeite auf ähnliche Weise den folgenden Aufsatz! Streiche zuerst die Satzanfänge, die du ändern willst, im Buch durch! Dann schreib den Text ab und denke dir andere Satzanfänge aus!

Beim Drachensteigen

Mein Vater sagte: „Heute ist ein guter Wind zum Drachensteigen." Und da gingen wir auf die Wiese, und ich durfte den Drachen tragen. Und mein Vater warf ihn dann in die Luft. Ich lief mit der Schnur. Und mein Drachen stieg so hoch wie ein Haus.

12 → L

Verknüpfe die Sätze auf andere Weise! Vermeide die gleichen Satzanfänge!

1. Ich trat ins eiskalte Zimmer. Dann suchte ich Zündhölzer, Papier und Späne. Dann heizte ich den Ofen ein.
2. Ich hatte das Trinkglas zerbrochen. Ich holte Besen und Schaufel. Ich kehrte die Scherben zusammen, dass niemand etwas merkte.
3. Wir wuschen uns mit Seife Gesicht und Hände. Wir putzten uns sorgfältig die Zähne. Wir spülten den Mund aus.
4. Wir gingen zum Rodeln. Wir zogen unsere Rodel den Berg hinauf. Wir sausten den Abhang hinunter.

13 → L

Überarbeite auch den folgenden Aufsatz und reihe die Sätze anders aneinander:

Wir kaufen einen Christbaum

„Wir wollen einen Christbaum kaufen", sagte meine Mutter. Dann ging ich mit ihr in die Stadt. Da sahen wir auf einem Platz Christbäume stehen. Da suchten wir uns einen aus. Er war aber zu teuer. Da ließ der Mann mit sich reden und gab ihn uns billiger. Dann bezahlte meine Mutter. Dann trugen wir den Baum heim und stellten ihn in den Keller.

14

An der folgenden Geschichte kannst du ersehen, wie **Dichter** den Zusammenhang in einem Text herstellen.

Unterstreiche die Satzanfänge!

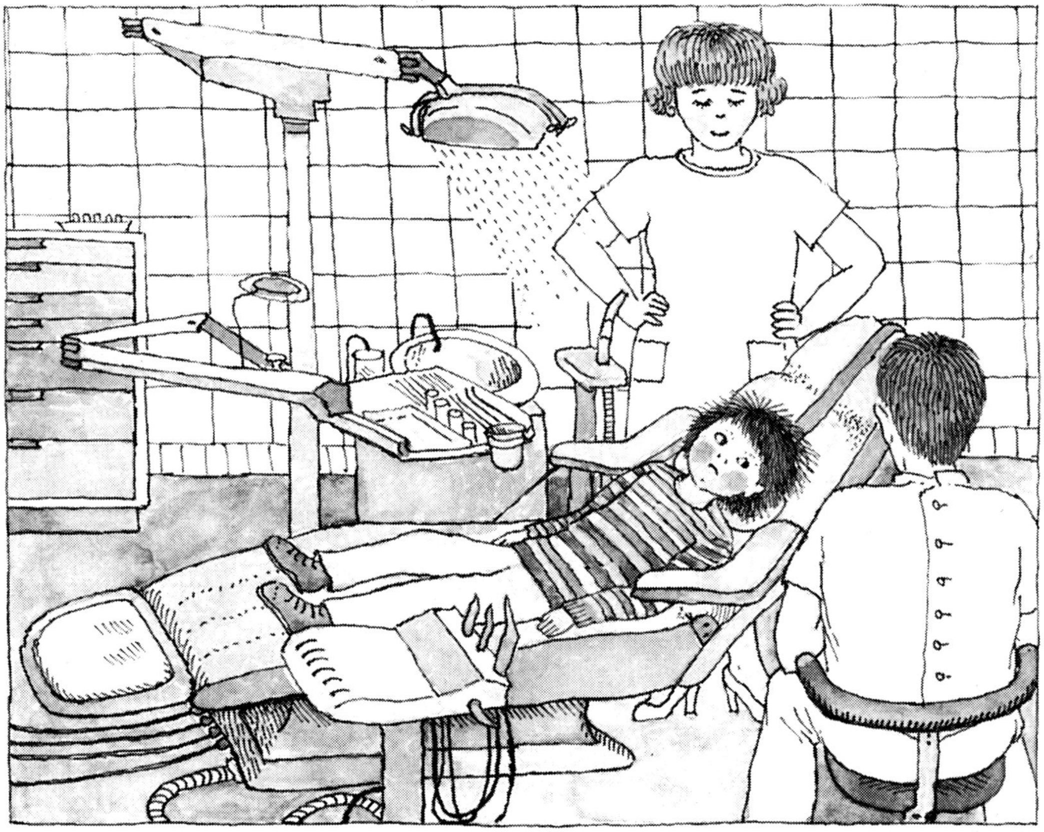

Die schlaue Lotta

Einmal nahm Mama uns mit zum Zahnarzt, Jonas und mich und Lotta. „Wenn du beim Zahnarzt ganz tapfer bist, dann kriegst du zehn Schilling“, sagte Mama zu Lotta.
Mama musste im Wartezimmer bleiben, während wir Kinder beim Zahnarzt waren. Erst sah er sich meine Zähne an, aber ich hatte kein Loch, und da durfte ich zu Mama ins Wartezimmer gehen. Da mussten wir ganz, ganz lange sitzen und auf Jonas und Lotta warten. Mama sagte: „Nicht zu glauben, dass Lotta gar nicht schreit!“ Nach einer Weile ging die Tür auf und Lotta kam heraus. „Na, bist du tapfer gewesen?“, fragte Mama. „Oooch, ja“, sagte Lotta. „Was hat denn der Zahnarzt gemacht?“ – „Er hat einen Zahn gezogen“, entgegnete Lotta. „Und du hast nicht geschrien?“, forschte Mama weiter … „Nein, ich habe nicht geschrien …“ – „Du bist aber ein tapferes Mädchen“, sagte Mama, „hier hast du zehn Schilling.“
Lotta nahm das Geld und steckte es in die Tasche. Sie machte ein zufriedenes Gesicht. „Kann ich sehen, ob es blutet?“, fragte Mama. Lotta sperrte den Mund auf, aber man konnte nicht sehen, dass ihr ein Zahn fehlte. „Er hat ja gar keinen Zahn gezogen“, stellte Mama fest. „Doch … bei Jonas“, sagte Lotta.
Nachher kam Jonas heraus und der Zahnarzt auch. Der Zahnarzt zeigte auf Lotta und sagte: „Bei diesem kleinen Fräulein konnte ich nichts machen. Sie wollte den Mund nicht öffnen.“ „Ich habe ihn doch gar nicht gekannt“, rechtfertigte sich Lotta. „Ich kann doch nicht bei Leuten den Mund aufsperren, die ich nicht kenne.“

Astrid Lindgren

Erzähle nur Mitteilenswertes!

15

Vergleiche die folgenden Erzählungen zum gleichen Thema:

a) Im Prater

Letzten Samstag gingen wir in den Prater. Dort sahen wir ein Ringelspiel, eine Geisterbahn, eine Autorennbahn, ein Spiegelkabinett und noch viele andere Dinge. Im Spiegelkabinett war es besonders lustig.
Dann gingen wir zu einem Würstelstand. Dort aß ich ein Paar Würstel mit Senf. Dann fuhren wir wieder heim.

Wolfgang, 3. Klasse

b) Im Spiegelkabinett

„Willst du da hinein?", fragte mich mein Vater, als wir bei unserem Praterbesuch vor dem Spiegelkabinett ankamen. „Das ist sehr lustig." Ich stimmte sogleich zu. An der Kasse mussten wir uns anstellen, doch bald befanden wir uns in einem Irrgarten mit vielen Spiegeln. Vor mir erblickte ich im Spiegel ein Mädchen, das ganz schmal und doppelt so groß war wie ich. Sollte das etwa ich sein? In einem anderen

Gang kam ein kugelrundes Kind auf mich zu. Beinahe wäre ich mit ihm zusammengestoßen. Ich wandte mich lachend zur Seite, aber schon stieß ich an einen anderen Spiegel. Überall waren Spiegel, die die Wirklichkeit entstellt zeigten. Einmal sah ich mich aus weiter Entfernung, ein anderes Mal ganz nahe und riesengroß. Einmal hatte ich einen dicken Körper und ganz kurze Beine, ein anderes Mal saß ein winziger Kopf auf einem aufgedunsenen Körper. Wir mussten über diese Zerrbilder herzlich lachen. Immer wieder versperrten uns Spiegel den Weg und wir konnten den Ausgang nicht finden. Nach vielen Irrwegen fanden wir endlich ins Freie.

Maria, 3. Klasse

Ergänze passende Überschriften!

- Eine **Erzählung** soll den Leser **unterhalten.** Du musst daher von etwas erzählen, wovon du annehmen kannst, dass es den Leser interessiert. Schreib also nicht über Selbstverständliches!
- Wähle nach Möglichkeit ein **Thema,** zu dem du etwas zu schreiben weißt!
- Die **Überschrift** soll das Thema der Erzählung erkennen lassen und den Leser neugierig machen.

16 → L

Ein Beispiel:

In den Ferien war ich mit meinen Freunden im Freibad. Da wollte ich meinen ersten Kopfsprung vom Dreimeterbrett machen. Werner war zuerst dran. Er lief zwei Schritte an und sprang weit in das Becken hinein. Das Wasser spritzte nach allen Seiten, denn er war mit dem Bauch aufgeklatscht. Dann war Alfred an der Reihe. Er wippte auf dem Brett, kehrte aber gleich wieder um. Ich lachte ihn aus. Da ging Alfred gleich wieder auf das Brett zurück. Er hielt sich die Nase zu und machte einen Schritt vor. Mit angezogenen Beinen plumpste er ins Wasser.
Nun sollte ich springen. Ich holte tief Luft und hielt den Atem an. Dann riss ich die Arme hoch und sprang mit dem Kopf nach unten ins Becken. Die Augen hatte ich geschlossen. Das Wasser schlug über mir zusammen. Ich ruderte mit Armen und Beinen, damit ich wieder hochkam. Als ich auftauchte, pustete ich wie ein Walross. Aber Angst hatte ich jetzt nicht mehr. Ich bin gleich noch einmal gesprungen.

Ernst, 4. Klasse

Schreib die Geschichte ab und ergänze eine passende Überschrift!

17 → L

Überarbeite den folgenden Aufsatz von Rudi! Erzähle so, dass der Leser durch den Inhalt unterhalten wird! Denke dir Einzelheiten aus und lass Selbstverständliches weg! Streiche zuerst unwichtige Sätze durch, dann überlege, was man ausführlicher erzählen sollte!

Da hab' ich gelacht

Einmal haben wir Fußball gespielt. Zuerst waren wir drei. Dann kamen noch ein paar Buben. Dann waren wir sechs. Einer fiel in den Dreck. Da mussten wir alle herzlich lachen.

Rudi, 3. Klasse

Erzähle ein einziges Erlebnis, dieses aber ausführlich!

18 → *L*

Vergleiche die folgenden Aufsätze:

a) Im Schwimmbad

Einmal probierte ich zu schwimmen, aber es gelang mir nicht. Deshalb legte ich mich flach aufs Wasser und ließ mich treiben. Nach einiger Zeit wurde mir kalt. Da hüpfte ich aus dem Wasser. Ich legte mich auf eine Decke und las in einem Jugendbuch. Später ging ich noch ein wenig spazieren. Da hörte ich plötzlich eine Frau laut schreien. Als ich umherblickte, sah ich eine Frau mitsamt ihren Sachen von einem Strauch, wo sie gelagert hatte, weglaufen. Ich ging hin. Da entdeckte ich im Gebüsch eine dicke alte Kröte mit acht Jungen. Darum hatte die Frau also geschrien. Bald danach ging ich nach Hause. Als ich zu Hause war, aß ich und ging schlafen. Nachts träumte ich dann von Kröten.

Herbert, 4. Klasse

b) Eine Kröte im Schwimmbad

Einmal sonnte ich mich auf der Wiese im Schwimmbad. Da hörte ich plötzlich jemanden laut aufschreien. Als ich in die Richtung blickte, aus der der Schrei kam, sah ich eine Frau, die rasch ihre Sachen zusammenpackte und das Weite suchte. Sie lief anscheinend vor etwas davon. Neugierig näherte ich mich der Stelle. Da entdeckte ich im Gebüsch hinter dem Lagerplatz der Frau ein Krötennest. In einer Erdmulde saß eine dicke alte Kröte, um sie herum acht Junge. Auch andere Kinder waren herbeigelaufen. Mit einem Stock wollten sie die Kröten töten. „Erdkröten sind sehr nützliche Tiere“, sagte ich zu ihnen, „lasst sie leben!“ Da ließen sie davon ab.
Eine Weile beobachtete ich noch die Tiere, die sich verschreckt auf den Boden drückten, dann ging ich wieder ins Wasser. Bei der Aufregung war mir heiß geworden. Nachts träumte ich dann von der Kröte und ihren Jungen.

Lerne den zweiten Aufsatz auswendig und schreib ihn an einem der folgenden Tage aus dem Gedächtnis nieder!
Verfasse auch einen eigenen Aufsatz zum Thema „Im Bad“! Erzähle aber nur von etwas, was die Leser interessieren könnte!

19 → *L*

Was sagst du zu der folgenden Geschichte?

Wie ich einmal mit der Eisenbahn fuhr

Vor zwei Jahren brachte mich meine Mutter zu meinen Großeltern. Sie wohnen in der Steiermark in einem kleinen Häuschen. Schon zeitig am Morgen fuhren meine Eltern mit mir mit der Straßenbahn zum Bahnhof. Am Schalter löste mein Vater die Fahrkarten. Dann gingen wir über die Rolltreppe zum Bahnsteig. Nach wenigen Minuten fuhr der Zug ein. Wir mussten uns schnell verabschieden, denn der Zug hatte keinen langen Aufenthalt. Dann ging die Reise los. Vom Fenster aus winkte ich meinem Vater zu. Dann suchte meine Mutter Sitzplätze. Auf den weich gepolsterten Sitzen konnten wir bequem sitzen. Nach kurzer Zeit kam der Schaffner und verlangte die Fahrkarten. Während der Fahrt sah ich lange Zeit zum Fenster hinaus. Aber bald wurde ich müde und schlief ein. Als ich erwachte, fuhren wir eben über den Semmeringpass. Da wurde es plötzlich finster. Der Zug fuhr durch einen langen Tunnel. Bald danach waren wir am Ziel. Auf dem Bahnsteig standen meine Großeltern. Sie warteten auf uns. Die Freude war groß. Wir fuhren mit dem Wagen meines Großvaters zu ihrem Haus.

Hans, 4. Klasse

Hans hat zwar ausführlich und in der richtigen Reihenfolge des Geschehens erzählt, der Aufsatz wirkt aber dennoch langatmig. Woran liegt das? Welche Fehler hat Hans gemacht? Überarbeite den Text und beschränke dich dabei auf einen kurzen Zeitabschnitt! Stelle diesen aber ausführlich (mit vielen Einzelheiten) dar! Wähle die Überschrift „Fünf Minuten vor Abfahrt des Zuges“!

- Schreib in einem Aufsatz nicht über mehrere Erlebnisse, sondern immer nur über **ein einziges!** Dieses stelle aber **ausführlich** dar!
- **Schweife nicht** vom Thema **ab!** Einzelheiten, die sich nicht unmittelbar auf das Thema beziehen, sollten weggelassen werden.

Erzähle lebendig!

20 → *L*

Vergleiche die beiden Aufsätze und stelle fest, welcher dir besser gefällt! Begründe deine Entscheidung!

Begegnung im Wald

Einmal ging ich mit meinem Bruder in den Wald. Da stieß er mich plötzlich an. Er fragte mich, ob ich nichts höre. Da sah ich einen Specht. Es wunderte mich, dass sich der Vogel so festkrallen konnte. Mein Bruder sagte, der Specht sitzt wahrscheinlich auf seinem Schwanz. Das ist sein Sessel. Da guckte er um die Ecke. Dann flog er davon.

Fritz, 4. Klasse

Begegnung im Wald

Als ich einmal mit meinem Bruder im Wald umherstreifte, stieß er mich plötzlich an: „Still, hörst du nichts?“ Da war es wieder, das rasche Klopfen, wie ein hölzerner Wecker oder so ähnlich. Ich blickte in die Baumkronen. Da, ein Specht, ein Specht! Wie er sich wohl so gut am Baum festkrallen kann? „Er sitzt auf seinem Schwanz“, erklärte mein Bruder. „Das ist sein Sessel.“

Dann bewegte sich der Specht ein bisschen und guckte von der anderen Seite des Stammes hervor. Wie sonderbar das aussieht! Da, er fliegt davon! Schade!

Ilse, 4. Klasse

Unterstreiche im zweiten Aufsatz alle Sätze, die den Text lebendig machen!

- Wenn du etwas **lebendig** erzählen willst, verwende die **direkte Rede!**
- Auch dazwischengeschaltete **Fragen** und **Ausrufe** erhöhen die Wirkung.
- An der **spannendsten Stelle** darfst du außerdem die Zeitform wechseln und von der Erzählzeit (der Mitvergangenheit) in die **Gegenwart** übergehen.

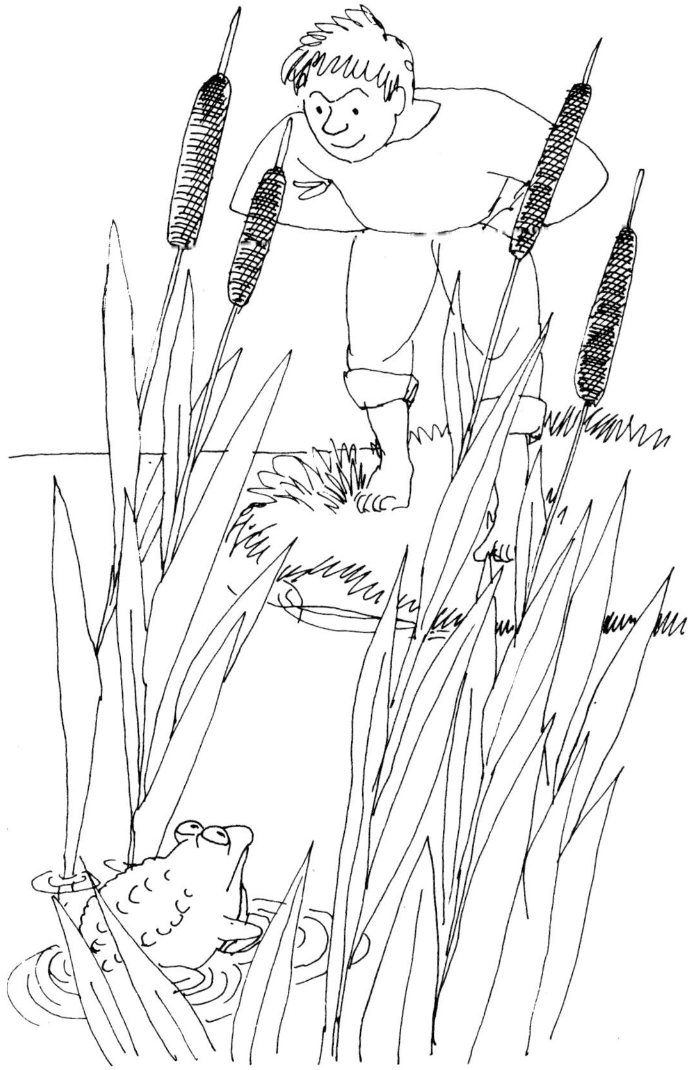

Beispiele:

Am Teich

Kürzlich bin ich an einem Teich vorbeigegangen. Da rief es immer: „Quarr! Quarr!" Ich schrie: „Ruhe endlich!" Gleich hörte das Schreien auf. Ein großer dicker Wasserfrosch glotzte mich erschrocken an, aber nicht lange. Patsch, tauchte er unter und ward nicht mehr gesehen.

Franz, 4. Klasse

Der Maikäferfang

Gestern habe ich einen Maikäfer gefangen. Als ich die Hand öffnete, lag der kleine Kerl auf dem Rücken und strampelte, als ginge es um sein Leben. Ich drehte ihn um und stellte ihn auf die Beine. Das war gleich etwas anderes! Wie flink er sich bewegen konnte! Ich hauchte ihn an, da öffnete er seine Flügel, und weg war er!

Gisela, 4. Klasse

21 → L

Schreib auf, was die Personen gesprochen haben!

a) Der Vater schimpft, weil das Spielzeug überall herumliegt.
b) Die Mutter lässt nicht zu, dass du mittags keine Suppe essen willst.
c) Dein Freund schlägt dir vor, mit ihm ins Kino zu gehen.
d) Du lockst einen Hund, dass er zu dir kommen soll.

22

Onkel Hans hatte Anni mit ihren beiden Freundinnen in den Ferien auf seinen Bauernhof eingeladen. Sie durften in der Scheune schlafen. Nach dem Abendessen stiegen die drei gleich auf den Heuboden. Sie krochen in ihre Schafsäcke und schliefen bald todmüde ein. Mitten in der Nacht wurde Anni von Maria wachgerüttelt. „Pst!“, flüsterte Maria und zeigte ängstlich auf die Scheunentür. Die knarrte und ging langsam auf …

Wie könnte die Geschichte weitergehen? Schreib den Schluss auf und gib die Reden der Personen wörtlich wieder! Denke dir auch eine passende Überschrift zu der Geschichte aus!

23

Hubert ist eine richtige Leseratte. Frau Kindler, die Bibliothekarin, kennt ihn schon.
„Na, Hubert, suchst du heute wieder ein Indianerbuch?“, fragt sie.
Hubert antwortet: „Heute möchte ich lieber ein Abenteuerbuch.“
Frau Kindler sucht ihm eines aus und Hubert fängt gleich zu lesen an.
„Gefällt dir das Buch?“, fragt sie.
„Ja, sehr“, antwortet Hubert, „am liebsten möchte ich es gleich hier zu Ende lesen.“

Führe das Gespräch weiter!

24 → L

*Sammle andere **Ausdrücke für „sagen“** als **Ankündigung** der direkten Rede (rufen, meinen, sprechen …) und für **„antworten“** als **Einleitung** des Begleitsatzes nach der direkten Rede (entgegnen, meinen, erwidern …)!*

25 → L

*Setze **passende Ausdrücke für „sagen“ und „antworten“** ein!*

„Komm essen!“, _______ der Vater.

„Ich komme gleich!“, _______ Eva.

Michi _______ : „Immer lässt sie sich so Zeit.“ „Ich habe nur mein Spiel weggeräumt“, _______ Eva. „Das ist doch nur eine Ausrede“, _______ Michi.

Der Vater _______ : „Lasst die ewigen Streitereien!“

„Wie spät ist es denn?“, __________ die Mutter. Michi __________ : „Es ist schon halb zwei.“

26

*Untersuche, wie **Dichter** lebendig **erzählen!***

a) Das Gewitter

Hu! Unsere ganze Stube ist hell! Rrr bummerum, rumbum!
„Das war aber ein Blitz! Der hat eingeschlagen!“ Meine Mutter springt blass vom Fenster zurück. Anni versteckt den Kopf in Mutters Schürze und weint. „Fenster zu! Fenster zu!“, schreit Mutter. Ich mache rasch die Fenster zu. Mein Herz klopft auch ein bisschen dabei. Noch regnet es nicht. Ob gleich wieder ein Blitz kommt? Alles ist ruhig. Nur die Straßenbahn bimmelt laut. Und ein paar Autos jagen vorbei. Jetzt wieder

ein Blitz! Aber er ist weiter fort. Ich zähle bis sieben. Da kracht der Donner hinterher. Unsere Fenster klirren.

Otto Kampe

b) Die Lügenbrücke

Der kleine Karl ging einmal mit seinem Vater spazieren. Zuerst erzählte der Vater schöne Geschichten. Dann wollte Karl auch erzählen. Er erzählte von einem Hund, der ihn habe beißen wollen.

„Vater“, sagte er, „der Hund ist so groß gewesen wie ein Kalb – oder wie ein Rind – oder wie ein Pferd – oder sogar noch größer, ich glaube, er war so groß wie ein Elefant!“ Der Vater lachte ein bisschen und ließ den Sohn lustig draufloserzählen. Nach einer Weile aber sprach er: „Karl, jetzt kommen wir gleich an die Lügenbrücke!“ – „Warum heißt denn die Brücke so?“, fragte Karl. Der Vater antwortete: „Weil sie bricht, wenn einer auf ihr geht, der gelogen hat.“ –
Da wurde es dem Buben angst und bang. Zuerst war er eine Weile ganz still. Aber dann fing er wieder an zu reden: „Vater, ich glaube, der Hund ist doch nicht so groß wie ein Elefant gewesen, aber wie Nachbars Pferd war er bestimmt! – Vielleicht war er auch nur so groß wie ein Kalb.“ – „So?“, meinte der Vater, „da ist die Brücke.“ Da rief Karl schnell: „Halt, Vater! Lauf nicht so schnell! Ich muss dir was sagen, der Hund war gerade so groß wie unser Schnauzer.“

Wodurch wirken diese Erzählungen so lebendig? Unterstreiche diese Stellen!

✸ 27

Hier einige **Themenvorschläge für Erlebniserzählungen:**

Versuche dabei die Ratschläge für lebendiges Erzählen zu verwirklichen!

Ein Wettlauf	Wie ich einmal richtig hereingefallen bin
Noch einmal Glück gehabt	Ein Unglückstag
O Schreck!	Verdiente Strafe
Verschlafen!	Eine aufregende Minute
Lügen haben kurze Beine	Mit letzter Kraft

Erzähle anschaulich!

28

Schreibe den folgenden Text ab! Ersetze die Zeitwörter jedoch durch die treffenden Ausdrücke, die zwischen den Klammern stehen!

So ein Pech!

Mein Bruder Peter und ich waren allein zu Hause. Jeder wollte die (mit der) Eisenbahn haben (spielen). Mein Bruder schrie mich an und ließ mich nichts machen (nicht die Schienen zusammenstecken). Wir fingen zu streiten an. Auf einmal gab mir mein Bruder einen Stoß. Ich flog (stürzte) mit dem Hinterteil gegen den Wandspiegel. Das Glas (Die Scheibe) zersprang (klirrte) und war kaputt (zerbrochen). Vor Angst (Kleinlaut) taten (räumten) wir die Scherben weg (auf). Als die Eltern zurückkamen (heimkehrten), sahen (entdeckten) sie die Scherben (Bescherung). Mein Vater ärgerte sich sehr darüber und bestrafte Peter. Aber war ich unschuldig?

Treffende Ausdrücke und **Vergleiche** erhöhen die Anschaulichkeit.

29 → L

Setze statt des ungenauen Fremdwortes ***„kaputt“*** *ein* ***treffenderes Wort*** *ein!*

Die Vase ist kaputt.
Das Buch ist kaputt.
Die Schuhe sind kaputt.
Das Kleid ist kaputt.
Die Taschenlampe ist kaputt.
Die Wurst ist kaputt.
Das Telefon ist kaputt.
Das Fahrrad ist kaputt.
Die Straße ist kaputt.

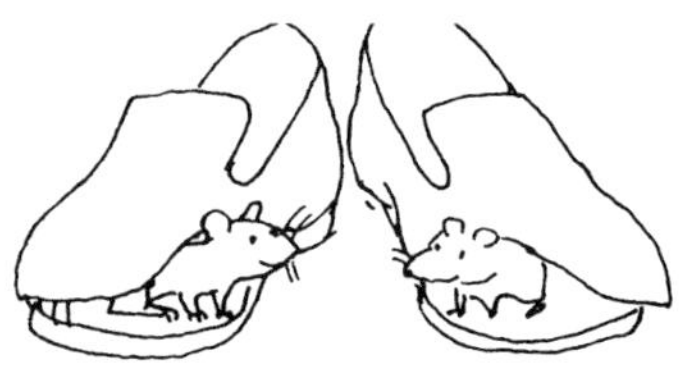

30 → L

Allerlei **Vergleiche:** *Ergänze!*

Er schreibt wie ______________________.

Sie singt wie ______________________.

Er heult wie ______________________.

Er läuft wie ______________________.

Sie lügt wie ______________________.

Er schimpft wie ______________________.

Ich bin gespannt wie ______________________.

Er säuft wie ______________________.

31 → L

Versuche die Tätigkeiten mit einem ***treffenden Zeitwort*** *anzugeben!*

a) Die Mutter tat die Schüssel in das Kästchen.
b) Fritz tat seiner Schwester einen Maikäfer ins Bett.
c) Walter machte ein Loch in den Sand.
d) Der Vater machte Holz.
e) Kurt machte schon wieder die Tür nicht zu.
f) Inge machte die Aufgabe fehlerfrei.

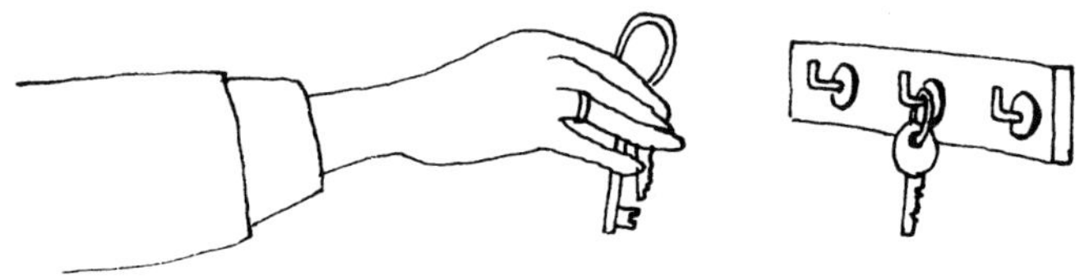

32 → L

Auch **für „machen“** solltest du **treffendere Ausdrücke** verwenden.

Schreibe ab und verbessere!

Ich mache die Tür auf, dann mache ich sie wieder zu.
Du machst das Buch auf.
Mach die Schultasche auf!
Mach einen Aufsatz!
Der Lehrer macht ein Bild.
Er macht im Sandkasten einen Berg.
Er macht ein freundliches Gesicht.
Die Mutter macht sich die Haare.
Sie macht die Milch warm.
Sie macht einen Kuchen.
Sie macht die Kleider sauber.
Der Radfahrer macht sein Rad rein.
Er macht die Kette fester, macht das Licht an.
Die Schneiderin macht das Kleid länger.

33 → *L*

Das Wort **„tun“** ist manchmal völlig überflüssig.

Sage nicht: „Am Abend tu ich am liebsten mit der Puppe spielen“, sondern: „Am Abend spiele ich am liebsten mit der Puppe“! Verbessere die folgenden Sätze auf ähnliche Weise:

Fürchten tu ich mich nicht, wenn der Nikolaus kommt.
Ich tu jetzt schon viel schöner schreiben.
Die Mutter tut die Blumen gießen.
Sie tut einen Pullover stricken.
Er tut das Essen zubereiten.

34 → *L*

In dem folgenden Text fehlen die **treffenden Zeitwörter.** *Ergänze sie!*

Nikolaus und Krampus kommen

Sie ____________ wild an der Glocke. Schon ______________ sie die Treppe herauf. Die Kette des Krampus ___________ . Mit der Faust ___________ er an die Tür. Jetzt ____________ sie ins Zimmer. Der Krampus ____________ mit der Rute auf den Tisch. Jedes Kind ______ er einzeln auf. Die Kinder _________________ sich sehr. Hans ________________ in eine Ecke. Monika ______________ vor Angst. Evi _________________ sich an den Rock der Mutter. Kurt _______________ ein Gebet. Georg ____________ ein Gedicht auf. Nach dem Besuch _________________ alle erleichtert auf. Monika _______________ sich die Tränen ab. Max ____________ wieder froh. Kurt _________________ die Geschenke. Gerda _____________ die Säckchen. Georg ___________ die Gaben gerecht auf alle auf.

35 → L

Einmal ging ich mit meinem Freund spazieren. Wir gingen um vier Uhr fort. Wir gingen eine halbe Stunde, bis wir in den Wald kamen.
Wie langweilig das klingt: Ich ging, wir gingen, wir gingen ...!

Statt:	*sage:*
Ich ging mit meinem Freund.	Ich begleitete meinen Freund.
Wir gingen fort.	Wir brachen auf. Wir verließen das Haus. Wir machten uns auf den Weg.
Wir gingen eine halbe Stunde.	Wir brauchten eine halbe Stunde. Wir waren eine halbe Stunde unterwegs. Wir wanderten eine halbe Stunde.

Drücke besser aus:

Wir gingen auf der Landstraße. Wir gingen auf den Berg. Wir gingen in die Kirche.
Wir gingen durch das Tal. Wir gingen schnell zum Bahnhof.

36

Vergleiche, wie anschaulich und lebendig ***Dichter erzählen!*** *Unterstreiche die Fragesätze!*

Geheimnisvolle Geräusche

Heute ist Erika allein zu Hause. Sie knipst die Lampe an und holt sich den Struwwelpeter. Da geht das Licht aus. Stockdunkel ist es im Zimmer, denn in den Nachbarhäusern und auf

der Straße ist auch das Licht ausgegangen. Es ist rabenschwarze Nacht. Erschrocken bleibt Erika sitzen. So düster ist es überall! Sie streckt die Hand aus, aber es ist nichts davon zu sehen. Jetzt fährt auf der Straße ein Auto um die Ecke und leuchtet ins Zimmer herein. Da sieht Erika, dass alles genauso ist wie sonst auch. „Was bin ich dumm“, denkt sie und muss lachen. Aber da raschelt es. Erika lauscht. Ach, was gibt es jetzt alles zu hören! Es scharrt, es klopft, es tickt, es rollt, und draußen klappt es „tapp-tapp“ über das Straßenpflaster. Das ist eine Frau, die mit Stöckelschuhen über das Pflaster geht. Erika lacht und horcht noch genauer. Da, was raschelt jetzt? Da schlurft ein Kind durch das welke Laub am Bürgersteig. Das tut sie selbst auch so gerne.
Und was klopft jetzt ans Fenster? Das sind braune Blätter, die der Wind gegen die Scheiben weht.
Allmählich macht es Erika Spaß, alles, was sie hört, zu erraten. Was klappert da im Hausgang? Ach, das ist die Nachbarin. Sie ruft etwas in den Keller hinunter. „Alles in Ordnung“, antwortet eine tiefe Stimme von unten, „es brennt nirgendwo Licht. Das Elektrizitätswerk wird einen Schaden haben. Sicher wird es gleich wieder hell.“
„Das wäre aber schade“, denkt Erika. „Nun lerne ich doch gerade richtig zu hören.“

Liane Halberstadt

Baue deine Erzählung überlegt auf!

37 → L

Vergleiche die beiden Aufsätze von Schülern und stelle fest, welcher besser gelungen ist! Begründe deine Entscheidung!

Im Tiergarten

Vor kurzem waren wir im Tiergarten. Dort gab es viele Tiere zu sehen. Zuerst kamen wir zu den Bären. Sie liefen ungeduldig vor dem Gitter hin und her und bettelten die Besucher an. Dann sahen wir die Zebras. Etwas später kamen wir bei den Flamingos vorbei. Besonders lustig war es bei den Affen. Die Löwen und Tiger flößten mir Furcht ein. Auch Hirsche und Kamele konnten wir sehen. Die Adler und Geier waren sehr groß. Ein Lama hat uns angespuckt. Zum Schluss sahen wir noch die Eisbären. Die Ziegen konnte man streicheln.
Es hat mir im Tiergarten gut gefallen.

Sabine, 4. Klasse

Die Rache des Lamas

Vor kurzem machte unsere Klasse einen Besuch im Tiergarten. Auf dem Rückweg kamen wir auch bei den Lamas vorbei. Das sind kamelartige Tiere aus Südamerika. Da wir schon recht müde waren, setzten wir uns auf eine Bank vor dem Lama-Gehege. Gleich kamen zwei Lamas herangetrabt und glotzten uns verschlafen an. Sie wollten anscheinend gefüttert werden. Weil sie aber so dumm dreinblickten, streckte ich ihnen nur die Zunge entgegen. Dann drehte ich mich um. Da spürte ich plötzlich Feuchtigkeit im Genick. Als ich hingriff, stellte ich fest, dass mich ein Lama angespuckt hatte. „Das kommt davon", sagte mein Freund Erich lachend. Ich wischte mir verdutzt das Genick ab.
So hatten die Lamas „Rache" genommen.

Konrad, 4. Klasse

Wenn eine Erzählung lesenswert sein soll,
musst du sie überlegt aufbauen:

- In einer kurzen **Einleitung** wird die Vorgeschichte des Ereignisses dargestellt. Hier erfährt der Leser zumeist etwas über den Ort und die Zeit der Handlung und über die am Geschehen beteiligten Personen. Die Einleitung sollte nur wenige Sätze umfassen.
- Im **Hauptteil** soll der Erlebniskern (eine offene Situation) ausführlich dargestellt werden. Hier musst du schreiben, WAS geschehen ist, WIE das Geschehen im Einzelnen abgelaufen ist, welche PERSONEN am Geschehen beteiligt waren und wie sie gehandelt haben, welche FOLGEN ihr Handeln hatte.
- Am Ende des Hauptteiles liegt für gewöhnlich der **HÖHEPUNKT** der Handlung mit der unerwarteten Wendung bzw. Lösung. Wenn du den Höhepunkt durch die Darstellung von Einzelheiten zur Situation, durch die Wiedergabe deiner Gedanken und Gefühle hinausschiebst (also die Zeit „dehnst“), kannst du die Spannung erhöhen.
- Am **Schluss** kannst du mit wenigen Sätzen das Geschehen zusammenfassen und rückblickend abschließen.
- Bleibe immer beim Thema und schweife nicht ab!

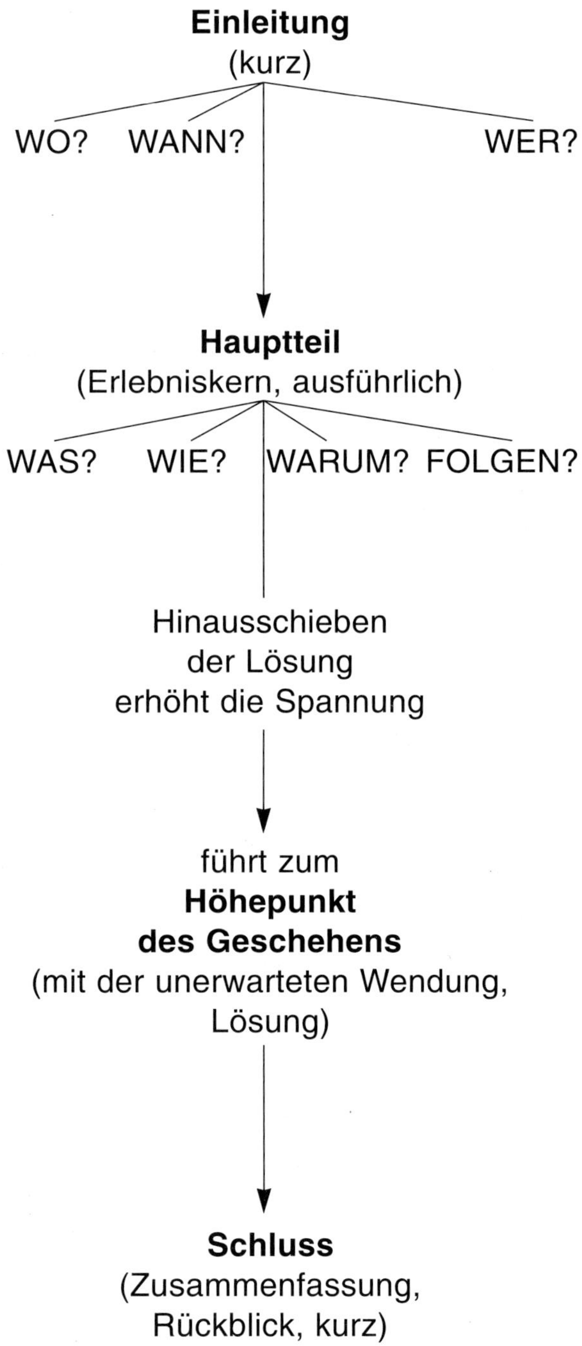

38 → L

Lies die folgende Geschichte aufmerksam durch und zeichne an, wo die Geschichte anfängt spannend zu werden und wann die Spannung aufhört! Suche auch den Satz, der alles löst!

Die Kröte

„Jetzt habe ich keine Lust mehr", sagt Annemarie laut, setzt sich an den Grabenrand und zieht ihre Schuhe aus. Erst den linken, dann den rechten. Niemand kümmert sich darum. Die Buben und Mädchen sind schon weit vorausgelaufen. Annemarie ist immer die Letzte. Und Herr Rieders, der junge Lehrer, zeigt dem Peter gerade, wie man den Anorak richtig zwischen Rucksack und Rücken schiebt. So, nun sitzt alles gut und fest, nichts kann mehr rutschen. Herr Rieders sieht auf, winkt und ruft den Kindern zu: „Wartet, alle herkommen! Wir biegen links ab zum Wald."
Peter nickt zufrieden. Er schwitzt. Es ist heiß heute morgen, und im Wald ist es bestimmt schön kühl. Der Wind trägt den Geruch nach Tannen über Wiesen und Felder. Hier über dem Sandweg brütet die Hitze wie im Backofen. Herr Rieders geht schneller, Peter läuft ihm nach. Nun sind alle beisammen. Auch der Lehrer schwitzt und fährt sich über die Stirn. Alle da? Er sieht sich um. Niemand fehlt? Herr Rieders fängt an zu zählen: „Eins, zwei, drei ..." bis achtundzwanzig, aber er zählt nur siebenundzwanzig. Noch einmal: „Eins ... zwei ... drei..."
„Annemarie fehlt!", schreit Rudi plötzlich. „Die trödelt immer so", sagt Monika wichtig und schiebt sich vor Aufregung ein Stück weiche Schokolade in den Mund.
„Annemarie!" Die Stimme des Lehrers schallt weit über Äcker und Wiesen. Keine Antwort. Stille – die heiße Luft flimmert über dem sandigen Feldweg.
„Annemarie! Annemarie!", rufen die Kinder durcheinander.
„Sie hat sich verlaufen!", heult Margot los.
„Unsinn", sagt der Lehrer ärgerlich, „hier auf dem Feldweg?"
„Soll ich?" Der dicke Jonas schiebt sich vor. „Ich kann ganz laut brüllen."
„Brülle", sagt der Lehrer und denkt, sie ist doch kein Luftballon, der einfach davonfliegt. Vorhin habe ich sie doch noch gesehen.
Ja, vorhin. Da saß Annemarie auch noch auf dem Grabenrand und wackelte mit der großen Zehe. Und jetzt? Was will sie denn da unten im Graben? Zum Glück ist er ausgetrocknet. Sie ist hineingerutscht. Sie hält einen Schuh in der Hand und sitzt steif und stumm und starrt auf den feuchten, moosigen Stein. Warum antwortet sie nicht? Kann sie nicht hören? Annemarie zittert vor Angst. Ihr Herz pocht und pocht. Sie starrt auf das wilde Tier vor ihr auf dem Stein. Wild, dick und fett glotzt es sie an. Kommt näher, immer näher, reißt das Maul auf. Beißt! Die dicke Kröte will sie beißen.
„Hilfe!", schreit Annemarie. „Hilfe, sie hat mich gebissen!"
Mit einem Satz springt Herr Rieders in den Graben. „Wo denn, Kind, Annemarie, was denn?"
„Eine Schlange", schreit Rudi vom Grabenrand. Jetzt kreischt Margot noch lauter.
„Ruhe!" Herr Rieders richtet sich auf. „Kommt, helft mir!"
„Sie ertrinkt!" Das dünne Klärchen kneift die Augen zusammen.
„Blödsinn", lacht Jonas, „da ist überhaupt kein Wasser mehr drin."
„Eine Schlange?", fragt Willy. „Ich habe ein

Messer, hier gleich ausschneiden."
Annemarie schreit nicht mehr, sie brüllt. „Ruhe!", donnert Herr Rieders. Kaum kann er aus dem Graben heraus, so fest klammert sich Annemarie an ihn. Willy und Jonas helfen.
„Eine Schlange?", fragt Willy wieder begierig.
„Nein, eine Kröte", sagt Herr Rieders, „und jetzt zieht sich Annemarie die Schuhe wieder an. Und dann frühstücken wir. Aber ordentlich. Ich habe Hunger."
„Eine Kröte!" Rudi will sich ausschütten vor Lachen. „Traumsuse! Kröten beißen doch nicht."
„Sie glotzt so, und wie sie aussieht, so eklig", Annemarie zerrt an ihrem Strumpf. „Du hast sie ja nicht gesehen", stößt sie hervor. Später am Waldrand, als alle satt und ein bisschen faul im Gras liegen, fängt Rudi wieder an. „Angst vor einer Kröte, du Heultrine!"
„So", meint Herr Rieders, „und wer hat vorgestern gebibbert und geschrien? Wer wollte nicht ins Wasser, als wir baden wollten? Wer kann immer noch nicht schwimmen? Annemarie kann es doch."
„Kaltes Wasser", Rudi wird rot, „das ist viel ekliger."
Alle lachen. Niemand glaubt ihm. Nur Annemarie schweigt.

Lisa-Marie Blum

39 → L

Stelle die Einleitung, den Hauptteil mit dem Höhepunkt und den Schluss des folgenden Schüleraufsatzes fest:

Das ist noch einmal gut gegangen

Martina hatte auf der Wiese ein Wespennest entdeckt.
„Ich will einmal sehen, ob da Wespen drin sind", sagte sie zu ihren Freunden. „Au ja, wir kommen mit." Sie suchten sich lange Stangen. Dann liefen sie zur Wiese zurück.
Zuerst stocherte Fritz vorsichtig in das Schlupfloch.
„Ich glaube, die Wespen sind ausgeflogen", rief er, weil nur ein paar Wespen herauskamen. Dann stieß Martina kräftig hinein. Jetzt wurde das ganze Wespenvolk wild. Die Wespen fielen über die Kinder her. Die rannten weg, aber die Wespen folgten ihnen.
„Schnell in unseren Keller", rief Martina. Die Kinder stolperten die Treppe hinunter. Bernd schlug als Letzter die Tür hinter sich zu. Nur Oliver war gestochen worden. Seine Backe schwoll ganz dick an.

40 → L

Gliedere auf ähnliche Weise das folgende Tiermärchen:

Die Entstehung der Flöhe

Die Geschwisterkinder Schmutz und Faulheit wurden einmal aus einer großen Stadt vertrieben. Nach langer Wanderschaft kamen sie

in ein Land, wo ewiger Sommer war und die Leute ohne viel Arbeit und Mühe glücklich und zufrieden lebten. Da sagte der Schmutz: „Hier ist es gut warm, hier wollen wir bleiben!" Die Faulheit gähnte und flüsterte darauf: „Mei-net-we-gen!" Die Faulheit und der Schmutz lebten nun lange Zeit in Freundschaft miteinander. Der Schmutz nahm von Tag zu Tag immer mehr zu und war bald so fett wie der fetteste Fleischhauer; die Faulheit hingegen blieb, wie sie war, und das ärgerte sie gar sehr. Da klagte sie ihrer Tante, der Langeweile, ihr Leid, und diese sprach: „Oh, ich habe einen guten Gedanken! Du und Schmutz, ihr müsst einander heiraten, dann werdet ihr euch nicht mehr beneiden." Und so geschah es. Der Schmutz und die Faulheit wurden ein Pärchen und lebten miteinander glücklich und zufrieden. Doch nicht lange dauerte ihr Glück, denn unser Herrgott strafte ihre Ehe, weil sie Geschwisterkinder waren. Als die Faulheit Kinder bekommen sollte, brachte sie lauter Flöhe zur Welt.
Und die vermehren sich seit der Zeit, zum großen Ärger ihrer Mutter, überall und gedeihen, wo sich ihre Eltern, der Schmutz und die Faulheit, niederlassen.

Zigeunermärchen

41

Die folgende Geschichte endet an der spannendsten Stelle.
Erzähle sie zu Ende!

Glück gehabt

Es hatte die ganz Nacht geschneit. Gleich nach dem Mittagessen holte Marion ihren Schlitten aus dem Keller und lief zur Forststraße. Dort fuhren nur wenige Autos und die Straße ging bergab. Marion setzte sich auf den Schlitten. „Bahn frei!", rief sie und sauste den Gehweg hinunter. Vor dem Schild …

42

Marion erzählt ihrer Freundin etwas. Klaus kommt dazu und hört gerade noch den Schluss: „… ich hatte vielleicht eine Angst! Ich schlich mich ganz leise an das Fenster und horchte. Da hörte ich meine Mutter. Ich war froh! Meine Eltern hatten bloß den Hausschlüssel vergessen und deswegen ans Fenster geklopft."

Was hat Marion ihrer Freundin erzählt? Bestimmt kannst du den fehlenden Anfang der Geschichte spannend erzählen.

✹ 43

Versuche die in den vorhergegangenen Übungen angeführten Ratschläge in deinen Erlebnisaufsätzen anzuwenden und diese überlegt aufzubauen!

Nachfolgend einige **Themen zur Wahl**:

Ertappt

Ein rettender Gedanke

Erster April

Da bin ich aber erschrocken!

Das musste gerade mir passieren!

Das ist noch gut gegangen

Das vergesse ich nie

Ein lustiges Faschingserlebnis

Wie anfangen – wie schließen?

44

Wie soll man einen Aufsatz beginnen? Vergleiche einmal die nachstehenden ***Anfänge von Schüleraufsätzen!***

1. (Ich hatte schreckliche Angst)
   Der Sturm heulte um unser Haus. Türen und Fenster klapperten. Eiskalt wehte der Wind über mein Bett hin ...
2. (Wie ich einmal einen Wecker reparieren wollte)
   Meine Mutter hatte mir einen alten Wecker geschenkt. Wenn man ihn schüttelte, klapperte etwas in ihm herum. Mein Bruder meinte, ich sollte ihn aufmachen ...
3. (Was mich aufregen kann)
   Wir haben Turnprüfung. Weitsprung. Einer nach dem anderen tritt an. Wer wird Erster?
4. (Verschlafen)
   Wir hatten am Sonntag einen Ausflug auf den Ötscher gemacht und waren erst spät nach Hause gekommen. Todmüde hatte ich mich ins Bett gelegt und war sofort eingeschlafen ...
5. (Zahnschmerzen)
   Mit erstarrten Händen und roten Ohren kam ich vom Rodeln heim. Als ich in das warme Zimmer trat, spürte ich einen furchtbaren Stich im Unterkiefer. Nach wenigen Minuten wiederholte sich der Schmerz ...
6. (Eine aufregende Minute)
   „Hans, komm mit! Wir gehen in die Donau baden.“ Ich wollte kein Spielverderber sein und folgte meinem Freund ...
7. (Ein Igel im Garten)
   „Fritz, wir haben einen Igel gefangen. Er ist in der Kiste im Garten!“, rief mir mein Bruder entgegen, als ich neulich von der Schule nach Hause kam ...
8. (Unser Kätzchen)
   Wir haben ein scheckiges Kätzchen. Es ist schwarz-weiß gefleckt und noch sehr jung ...
9. (Vom Regen überrascht)
   Am letzten Sonntag machten meine Eltern und ich eine Wanderung im Wienerwald ...
10. (Da musste ich lachen)
    Es war an einem schönen Herbsttag. Meine Freundin Ruth ging mit mir zum Bachufer.
11. (Wie ich einmal Rehe beobachtet habe)
    Vor ein paar Monaten war ich bei meinem Onkel zu Besuch. Er ist Förster und hat ein schönes Haus am Waldrand ...
12. (Nero und sein Knochen)
    Wenn unser Hund Nero sein Fressen erhält, beschnuppert er es vorerst. Dann leckt er ein paarmal daran ...

13. (Unser Kanarienvogel)
    Wir haben einen Kanarienvogel. Er heißt Hansi. Die Körner für unseren Hansi

bewahre ich in einer gelben Blechdose auf ...

14. (So eine Frechheit!)
Ich hatte mein Fahrrad geputzt und wollte nur noch das Klebebild holen. Es sollte den Sattel schmücken. Aber als ich wieder aus dem Haus kam ...

15. (Pech im Spiel)
Die Geschichte handelt von einem Fußballspiel, bei dem ich selbst mitgespielt habe. Unsere Mannschaft ...

- Die beliebteste **Form des Anfangs** ist wohl jene, wie sie die Beispiele 4, 9, 10 und 11 zeigen. In diesen werden Angaben über die Zeit des Geschehens an die Spitze gestellt.
- Eine andere Möglichkeit besteht darin, mit Angaben über den Ort des Geschehens zu beginnen (Beispiel 3).
- Auch mit der Darstellung der näheren Umstände des Geschehens kannst du beginnen (Beispiele 2, 4, 5, 8).
- Lebendiger wirkt es allerdings, wenn du mit der direkten Rede anfängst (Beispiele 6, 7).
- Eine weitere Möglichkeit besteht darin, das Ereignis anzukündigen (Beispiel 15).
- Schließlich kann auch unmittelbar mit der Erzählung des Hauptereignisses begonnen werden (Beispiele 12, 13).

45

*Untersuche auch die nachstehenden **Schlüsse** in den Erlebnisaufsätzen!*

1. (Da hatte ich aber Angst)
... An der Haustür erwartete mich schon meine Mutter und empfing mich mit den Worten: „Siehst du, Vater hatte doch recht! Das Gewitter kam schneller, als du dachtest." Ich konnte nur stammeln: „Es hat eingeschlagen! Ganz in der Nähe! Ich werde nie wieder beim Herannahen eines Gewitters in den Wald gehen!"

2. (So ein Feigling)
... Und Dieter, der von allen als Feigling bezeichnet worden war, nahm sich vor, künftig seine Furcht zu überwinden. Aber das kann natürlich auch nur ein Vorsatz bleiben.

3. (Wie ich einmal fürchterlich erschrocken bin)
... Ich hörte die Stimme meines Vaters: „Peter!" – „Ja", sagte ich, tief Luft holend, „ihr habt mir einen schönen Schrecken eingejagt." Dann schlief ich beruhigt ein.

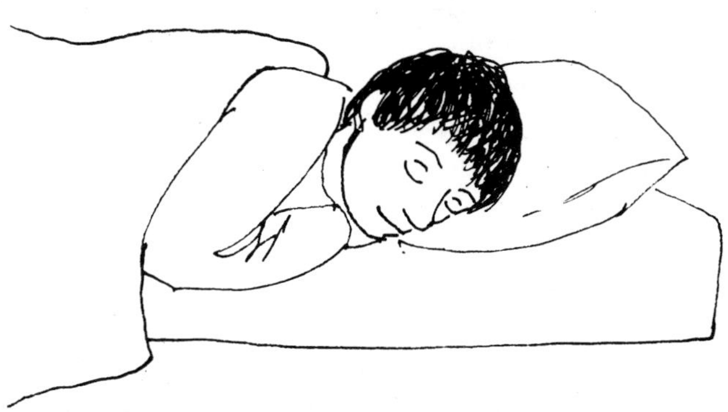

4. (So eine Frechheit)
... Nun trennten wir uns und gingen zu unseren Eltern.

5. (Alle neune getroffen)
   ... Für mich war das ein großer Tag, denn ich hatte noch nie vorher auf einer richtigen Kegelbahn gespielt.
6. (Glück gehabt)
   ... Ich fiel mitten auf einen beladenen Heuwagen. Dann waren auch schon meine Freunde da. „Ist dir was passiert?", fragten sie mich besorgt. „Nein, ich glaube nicht", antwortete ich ziemlich verdattert. „Aber eines sage ich euch: Auf ein Dach klettere ich nie wieder!"
7. (Beinahe wäre ein Unglück geschehen)
   ... Als Gerti nach einer Woche wieder in die Schule kam, fiel uns nur eine kleine Narbe am linken Ellbogen auf.
8. (Wie wir einmal einen Riesenspaß hatten)
   ... Wir machten noch viele Spiele, bis wir ins Bett gingen.
9. (Ein kühner Sprung)
   ... Immer wenn ich seither ein Sprungbrett sehe, muss ich an diesen kalten Schrecken denken.
10. (Ein erfundenes Märchen)
   ... Sie lebten in der neuen Wohnung zufrieden und glücklich bis an ihr Ende.
11. (Begegnung mit einem Igel)
   ... So hatte ich wenigstens einmal einen Igel aus der Nähe beobachten können.

Auch für den **Schluss eines Erlebnisaufsatzes** gibt es verschiedene Möglichkeiten:

- Du kannst das Geschehen zusammenfassen (Beispiele 5, 11).
- Du kannst mit einem Hinweis auf das weitere Geschehen enden (Beispiele 3, 4, 8, 10).
- Du kannst einen Vorsatz zum Ausdruck bringen (Beispiele 1, 2, 6).
- Du kannst aber auch mit einer Rückerinnerung schließen (Beispiele 7, 9).

Bedenke aber: Besser kein besonderer Schluss als ein gekünstelter!

✷ 46

Erprobe die verschiedenen Möglichkeiten des Anfangs und Schlusses in deinen Erlebniserzählungen!

Wie wär's mit den folgenden **Themen** (zur Auswahl):

Wie ich einmal mit meinem Bruder (meiner Schwester) Streit hatte

Als ich einmal Mut beweisen musste

Wie ich einmal meiner Mutter (meinem Vater) eine Freude gemacht habe

Da war ich aber leichtsinnig

Wie mir einmal ein Zahn plombiert wurde

Wie ich einmal in den April geschickt wurde

Nur noch wenige Tage bis Weihnachten

Nach Bildern erzählen

47

Dieses Spiel konntest du im Fernsehen verfolgen.

Ordne die angegebenen Wörter den Dingen und Personen, die du auf der Zeichnung sehen kannst, richtig zu! Setze die Nummern ein! Nun schreibe auf, was du auf dem Bild sehen kannst, und ergänze in dem Text die fehlenden Wörter!

○ Kamera	○ Kameramann	○ Mikrofon
○ Antenne	○ Kameramann	○ Sprecher
○ Helfer	○ Sendeleiter	○ Helfer
○ Kamera	○ Sendewagen	

Gestern fand auf dem Sportplatz ein Fußballspiel statt. Das Spiel wurde im Fernsehen übertragen. Schon am Vormittag kamen die Fernsehleute. Der große ______________ parkte hinter dem Sportplatz.

Eine ______________ wurde hinter dem Tor aufgestellt. Eine zweite ______________ wurde auf einen kleinen Wagen gehoben. Jede Kamera wurde von einem ______________ ______________ und einem ______________ bedient. Der ______________ erklärte den Spielverlauf. Er sprach in ein kleines ______________. Alle hörten auf die Weisungen des ______________. Am Abend sahen wir uns die Sendung im Fernsehen an.

48

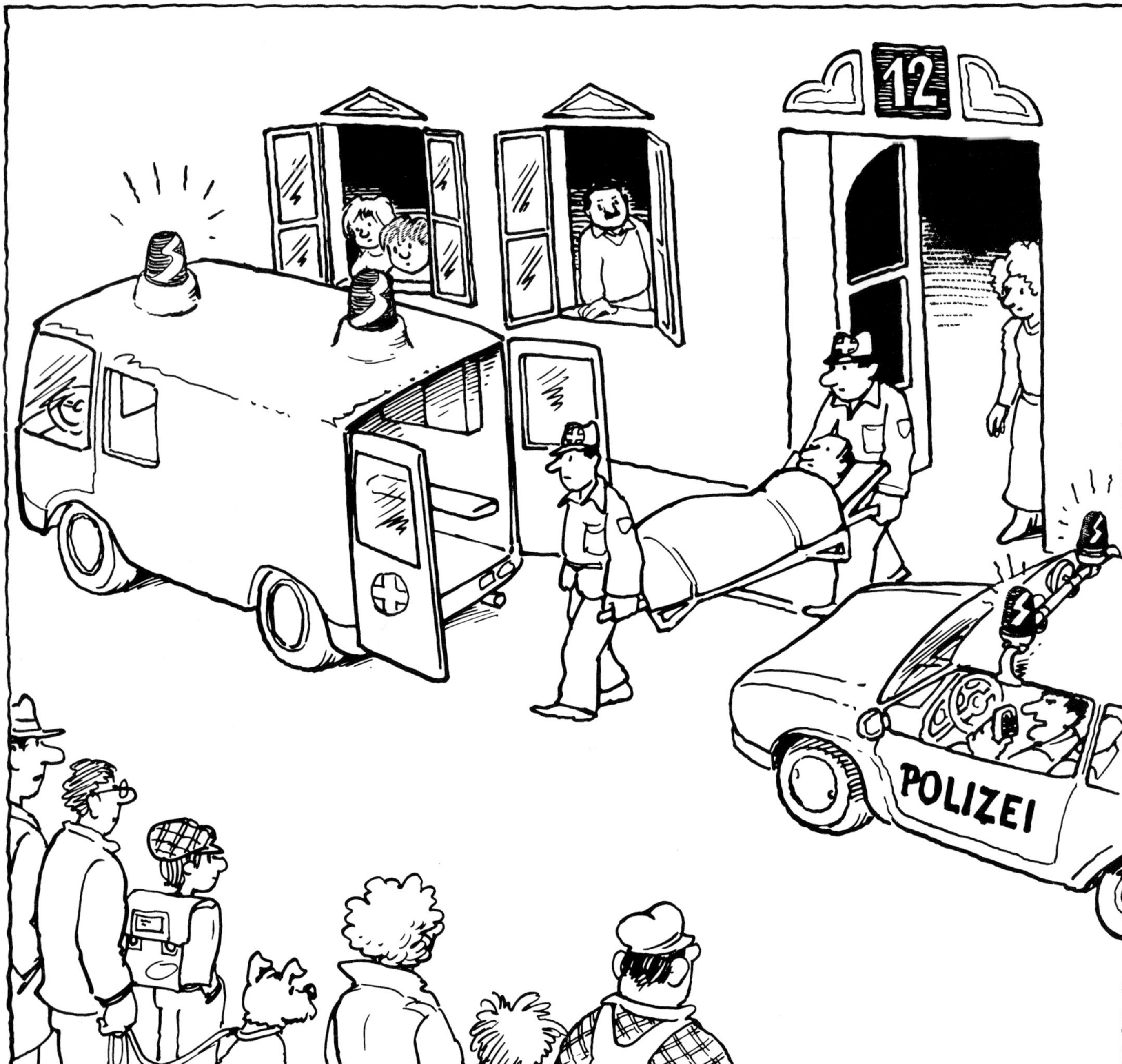

Erzähle auf ähnliche Weise nach dem Bild eine Geschichte! Beginne etwa so: Gestern gab es in unserer Straße eine große Aufregung. Vor dem Haus Nummer 12 hielt ein Funkstreifenwagen der Polizei. Bald danach kam auch ein Rettungsauto …

49

Betrachte die Bildfolge genau und versuche dann, eine zusammenhängende Geschichte davon zu erzählen! Lass die Personen sprechen und gib ihnen Namen!

Am Schluss suche noch eine passende Überschrift! Beginne etwa folgendermaßen: Frau Gruber ist viel allein. Wegen ihrer Krankheit ist sie an den Rollstuhl gefesselt …

50

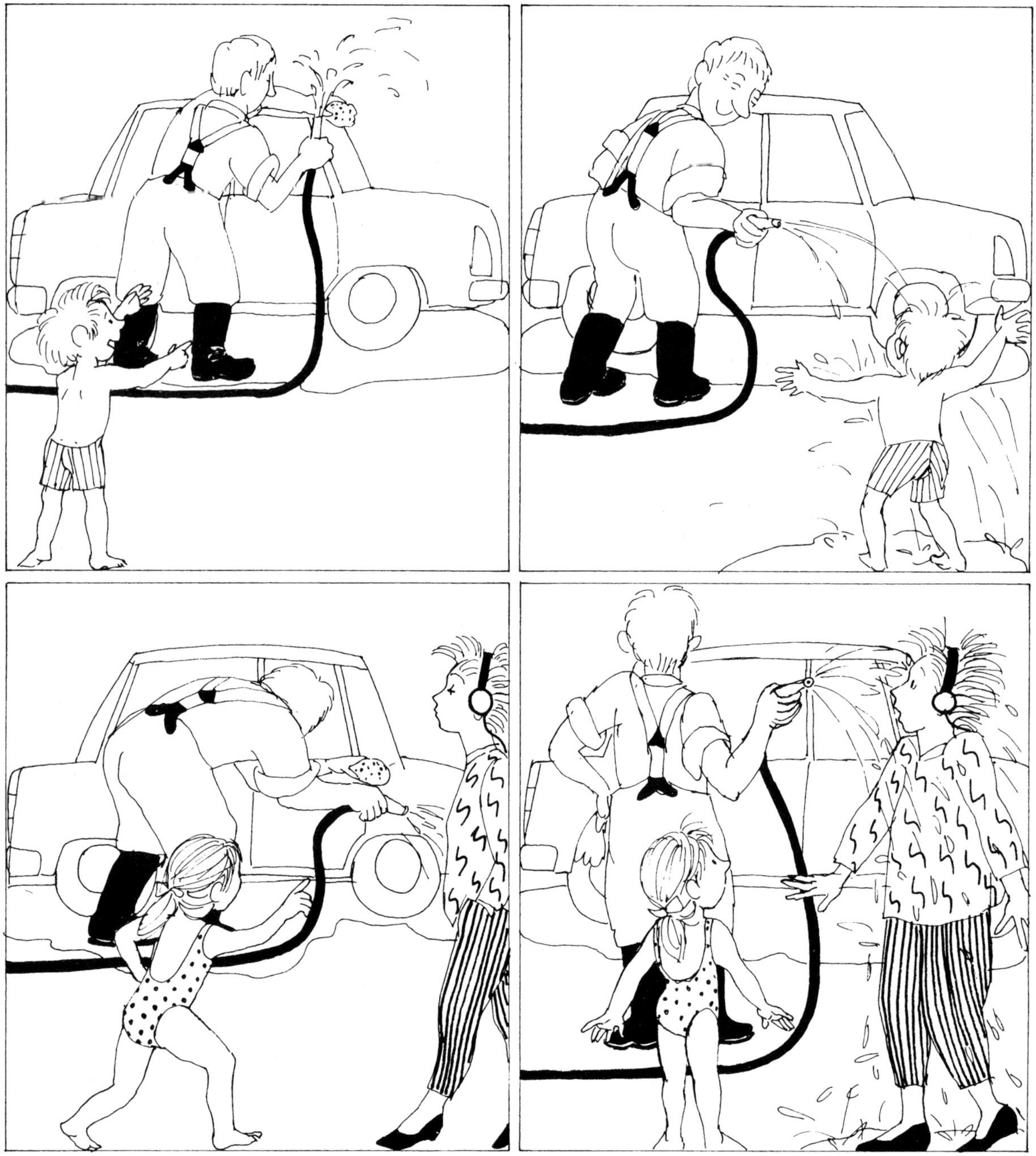

Was geschieht auf diesen Bildern? Erzähle! Verwende die Wörter: ... kommt ... dreht sich um ... geht vorbei ... hält hoch ... schreit ... spritzt nass ... schwitzt ... trifft ... wäscht ...! Wähle eine passende Überschrift dazu!

51 → *L*

Verfasse auch zu der obigen Bildfolge eine zusammenhängende Geschichte:

Zu dieser Bildfolge haben Schüler der 3 a die folgenden **Anfänge** geschrieben.

Beurteile, welche Einleitung zu lang ist, welche lebendig, aber falsch ist, welche das Interesse des Lesers weckt und sich auf das Thema bezieht, welche zu kurz ist!

1. Heute hat Rudi einen alten Autoschlauch an den Badeteich gebracht. Der Schlauch ist ganz prall mit Luft gefüllt. Obwohl Rudi nicht schwimmen kann, wagt er sich mit dem Reifen ins tiefe Wasser ...
2. Rudi legt sich auf seinen prall mit Luft gefüllten Autoschlauch und rudert in die Mitte des Teiches ...
3. Es war ein schöner Sommertag. Die Sonne schien, und Rudi entschloss sich, im Teich zu baden. Im Keller fand er einen alten Autoschlauch. Den trug er zur Tankstelle und ließ ihn prall aufblasen. Dann ging er mit dem Reifen zum Badeteich. Das würde lustig werden. Schnell zog er sich aus. Vorsichtig stieg er ins Wasser und legte sich auf den Reifen.
4. „Schaut, ich habe einen Reifen mitgebracht!“, rief Rudi seinen Freunden zu, als er am Badeteich ankam. „Mit einem solchen Reifen kann man nicht untergehen.“

52

Auch zu der Bildfolge von Hans Kossatz lässt sich eine Geschichte erzählen.

53

Bei der Bildgeschichte von e. o. plauen fehlt das letzte Bild.
Denke dir einen passenden Schluss aus und erzähle dann die ganze Geschichte mit eigenen Worten! Schreib auch auf, was Vater und Sohn denken und sprechen!

54

Toni hat zum Geburtstag von seiner Mutter ein Fahrrad bekommen. Er freut sich sehr darüber. Gleich probiert er es aus. Da kommen seine Freunde Renate und Ernst. Zuerst bemerken sie ihn nicht. Daher …

Erzähle anhand der Bilder die Geschichte weiter!

Wähle zu der Bildgeschichte am Schluss eine passende Überschrift!

z. B.: Tonis Geburtstag

So ein Angeber!

Der stolze Toni

Durch Schaden wird man klug

55

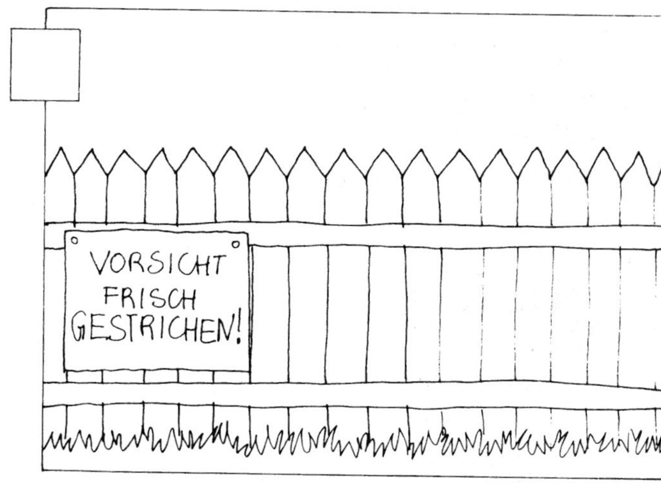

Hier stimmt die Reihenfolge der Bilder nicht.

Nummeriere sie und notiere dann in Stichworten, was auf den Bildern geschieht!

Z. B.: Zaun gestrichen – Warntafel …
Vorsicht, frisch gestrichen!

56

Anschließend lass das Mädchen seiner Mutter von dem Vorfall erzählen!

Geschichten erfinden und aufschreiben

57 → L

Auch mit erfundenen Geschichten kann man den Leser unterhalten.
Am einfachsten ist es, **Geschichten fortzuführen** und **Erzählteile zu ergänzen.**
Wie wär's mit dieser Geschichte:

Die Eltern der zehnjährigen Gerlinde waren ausgegangen. Gerlinde sollte auf ihren kleinen Bruder Wolfgang aufpassen. Sie setzte sich gemütlich in einen Lehnstuhl und las in einem Märchenbuch. Wolfi war inzwischen im Nebenraum ...

Was könnte Wolfi inzwischen angestellt haben? Erzähle!

Die folgenden Stichworte helfen dir dabei:
Schere – Polster
Streichhölzer – Feuer
Wasser holen – Hahn nicht abdrehen

58

Erzähle die folgende Geschichte zu Ende:

Eingeschlossen

Die sechs Freunde trafen sich am Samstagnachmittag wieder bei dem aufgelassenen Bergwerk. Der jüngste von ihnen war erst sieben, der älteste schon zwölf Jahre alt. Immer heckten sie alles gemeinsam aus. Sie hielten zusammen wie Pech und Schwefel. Diesmal hatten sie ihre Taschenlampen mitgebracht, auch einige Kerzen und Zündhölzer. Sie wollten den Stollen erkunden, der da vor langer Zeit in den Berg hineingetrieben worden war. Niemand wusste von ihrem Vorhaben. Mutig machten sie sich auf den Weg. Schwarze Ungewissheit lag vor ihnen. Da – plötzlich erdröhnte das Gestein rund um sie und sie spürten eine starke Erschütterung. Von Angst gepackt wollten die Buben den Stollen zurück zum Ausgang laufen, doch da versperrten ihnen große Gesteinstrümmer den Weg ins Freie ...

Beantworte dabei die folgenden Fragen:

Wie können sich die Buben befreien?
Wie machten sie sich bemerkbar?
Wie wurden sie gerettet?
Gelang ihnen die Befreiung vielleicht erst in letzter Minute?
Hatte einer einen besonderen Einfall?

59

Gefährliche Spiele

Robert hatte sich mit seinen Freunden an der Baustelle in der Bergstraße verabredet. Sie wollten in dem halbfertigen Neubau Verstecken spielen. Robert musste zuerst suchen. Er sprang gerade die Treppe zum zweiten Stock hinauf, als Hans von unten rief: „Wir verschwinden! Da kommt jemand!“
Robert sah noch, wie seine Freunde wegliefen. Durch das Treppenhaus konnte er nicht zurück, denn von da hörte er Schritte. Da lief er schnell zur Leiter am Baugerüst ...

Robert schlich bedrückt nach Hause. Später machte er immer einen großen Umweg um die Baustelle.

Erzähle, was in der Geschichte fehlt!

60

Von der folgenden Geschichte ***fehlt*** *der* ***Anfang.*** *Ergänze ihn!*

... Gretl saß da und weinte. Vor ihr lag der zerbrochene Teller auf dem Boden. Was wird die Mutter sagen, wenn sie nach Hause kommt? Und dabei will Gretl der Mutter doch nur eine Freude machen.

61

Von dieser Geschichte ***fehlt*** *der* ***Mittelteil.*** *Ergänze ihn!*

Früh am Morgen brachen meine Eltern mit meinem Bruder und mir zur Wanderung auf. Zunächst war klarer Himmel. Die Sonne strahlte hell ...

Völlig durchnässt erreichten wir mit Müh und Not die Schutzhütte. Wir freuten uns, dass wir unsere Kleider trocknen konnten.

62

In der Zeitung war folgender Bericht zu lesen:

Zehnjähriger von Bienenschwarm überfallen – Lebensgefahr!

Beim Einfangen eines Bienenschwarms wurde gestern der zehnjährige Walter S., der Sohn eines Imkers, von hunderten Bienen gestochen. Er musste sofort ins Krankenhaus eingeliefert werden. Es besteht Lebensgefahr.

Nimm an, du wärest bei dem Vorfall dabei gewesen! Erzähle im Einzelnen, wie es zu dem Unfall kam! War es Unvorsichtigkeit oder Zufall? Wie hat sich Walter verhalten? Wo wurde er gestochen? Welche Maßnahmen wurden von Seiten seiner Eltern getroffen? Was sagte der Arzt?

63

Kurt geht noch nicht in die Schule. Er ist erst vier Jahre alt. Eines Tages steht Vaters Auto vor der Haustür. Vater hat vergessen, den Schlüssel abzuziehen. Die Autotür ist offen. Kurt steigt ein ...

Erzähle, wie die Geschichte weitergehen und enden könnte!

64

Unterhaltsam ist es auch, aus einzelnen angegebenen Wörtern eine Geschichte zu erfinden.
Hier ein Beispiel mit den Wörtern *Kind – Ball – Auto:*

Schade um den Ball

Zwei Buben spielten an einem Nachmittag mit ihrem Ball. Es ging dabei ganz lustig zu. Die Kinder warfen sich den Ball gegenseitig zu und gegen eine Mauer. Da sagte Sascha auf einmal: „Komm, spielen wir Fußball!“ – „Gern“, entgegnete Peter. Gleich am Anfang schoss Peter so fest, dass der Ball über die Mauer des Hofes flog. Das Pech war, dass auf der Straße gerade ein Auto vorbeifuhr. Der Ball rollte geradewegs vor die Räder. Die Kinder rannten schnell zum Tor hinaus. Aber es war schon zu spät. Der Ball war geplatzt. Aus war es mit dem Spielen!

Fritz, 4. Klasse

Denke dir ähnliche Geschichten zu den folgenden Angaben aus:

Sardinen – Dosenöffner – Verband

Geburtstag – Schokoladentorte – Waschmaschine

Spinat – Wellensittich – Taschentuch

Papierdrache – Leitungsdraht – Glück gehabt

Bub – Traktor – Spital

65

Den folgenden Beitrag für ein Geschichtenbuch hat sich Michael (4. Klasse) ausgedacht. Zu dem Thema „Mit den Augen eines Tieres“ schrieb er:

Schwer ist es heutzutage, ein Maikäfer zu sein. Als ich aus der Erde schlüpfte, kam ich mir vor wie im Paradies. Die Sonne schien, Blumen blühten, überall hörte man Vogelgezwitscher. Gleich probierte ich meine Flügel aus und schwirrte auf den nächsten Baum, eine Eiche. Dort fraß ich mich an den Blättern satt.
Am folgenden Tag erkundete ich die Umgebung. Was gab es doch für schmackhafte Blätter!
Die Nacht verbrachte ich auf einem Ast. Vor Kälte wurde ich ganz steif. Am Morgen wurde der Ast, auf dem ich saß, heftig geschüttelt. Mit aller Kraft klammerte ich mich an die Rinde, aber vergebens. Ich fiel auf die Erde. Kaum lag ich im taufeuchten Gras, packten mich zwei Finger, und ich wurde in eine dunkle Schachtel gesteckt. Da gefiel es mir gar nicht. Und wie eng es da war! Ich beschloss daher, bei nächster Gelegenheit auszureißen. Als die Schachtel einmal kurz geöffnet wurde, breitete ich sofort meine Flügel aus und schwirrte ab. Nun bin ich wieder frei und kann mit einer hübschen Maikäferdame Hochzeit feiern.

Verfasse eine ähnliche Geschichte von einer Katze, einem Laubfrosch oder einem Hund!

66

Auch **Dichter** haben Geschichten erfunden und aufgeschrieben.
Erzähle diese Texte nach!

a) Der Löwenanteil

Der Löwe, der Esel und der Fuchs gingen zusammen auf die Jagd. Als sie große Beute gemacht hatten, befahl der Löwe dem Esel, er solle die Beute teilen. Der Esel machte darauf drei gleiche Teile und sagte dem Löwen, er möge sich seinen Teil selbst wählen. Der Löwe geriet darüber in Zorn und zerriss den Esel. Darauf befahl er dem Fuchs zu teilen. Da schob der Fuchs fast die ganze Beute auf einen Haufen zusammen und gab sie dem Löwen. Der Löwe lächelte zufrieden und fragte den Fuchs: „Sag mir, was hat dich gelehrt, so richtig zu teilen?“ Der Fuchs antwortete: „Das Schicksal des Esels.“

Äsop

b) Das ist die richtige Prinzessin!

Eines Tages klopfte ein Prinz ans Tor des Schlosses, in dem der Riese wohnte. Strahlend lief der Riese nach draußen. „Herzlich willkommen!“ Er schüttelte dem Prinzen die Hand. Aber er führte ihn nicht ins Schloss. Er wollte erst einmal ein Wörtchen mit ihm reden. Ganz im Vertrauen. Von Riese zu Mann. „Du willst also die Prinzessin erlösen“, fing er an. Der Prinz lachte. „Du hast es erraten!“ …
„Du bist ein heller Junge. Aber ich warne dich. Die Sache hat einen Haken.“
„Ist die Prinzessin etwa hässlich?“ Dann wollte der Prinz lieber heimkehren.
„Keine Spur!“ Der Riese hielt ihn zurück. „Sie ist bildhübsch. Wirklich, ganz wunderhübsch.“

„Oder ist die Prinzessin etwa dumm?“ Dann wollte der Prinz nichts mit ihr zu tun haben.
„Keine Spur!“ Der Riese hielt ihn zurück. „Sie ist klug. Wirklich, sehr klug.“
„Oder ist die Prinzessin etwa nicht nett?“ Dann wollte sich der Prinz sofort wieder auf den Weg machen.
„Keine Spur!“ Der Riese hielt ihn zurück. „Sie ist reizend. Wirklich entzückend. Aber sehr energisch. Die weiß, was sie will.“
„Na, wenn schon“, sagte der Prinz. „Das weiß ich auch.“
„Glaub mir“, seufzte der Riese. „Die hat es faustdick hinter den Ohren.“
„Macht nichts“, sagte der Prinz. „Das habe ich auch.“
„Aber stell dir vor“, stöhnte der Riese. „Sie will immerzu arbeiten!“
„Ist das ein Fehler?“, sagte der Prinz. „Das will ich auch.“
„Ach, du hast keine Ahnung, was für eine Prinzessin das ist!“
Da steckte sie den Kopf aus der Tür. Und der Riese war lieber still. Doch der Prinz sah, wie reizend sie war, und er rief: „Du bist die richtige Frau für mich!“

Gunhild Paehr

67

Weißt du übrigens, warum der Hahn kräht?

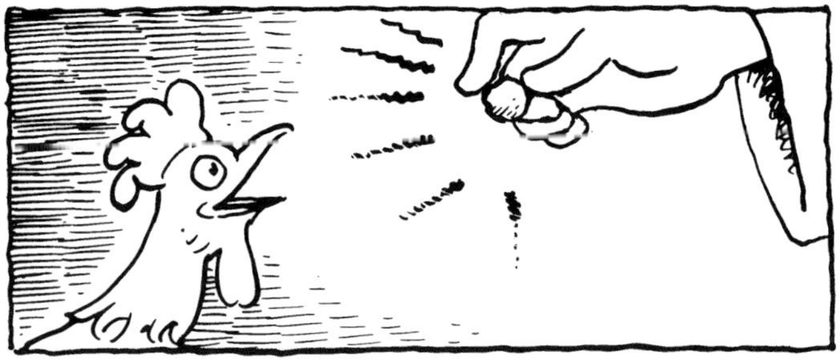

Als Gott die Vögel erschaffen hatte, weckte er sie frühmorgens, um ihnen Futter zu streuen. Alle pickten ihm Körner aus der Hand. Nur der Hahn rührte sich nicht, sondern starrte reglos zur Sonne. „Warum verschmähst du die Nahrung? Willst du nicht zahm sein?“, fragte ihn der Herr. Da sah Gott, was der Hahn so sehnsüchtig begehrte. Er brach ein Stückchen von der Sonne ab und reichte es ihm. Gierig verschlang es der Hahn und verbrannte sich die Kehle. Daher kommt es wohl, dass der Hahn kräht, wenn die Sonne aufgeht.

Christine Busta

Lerne die Legende auswendig und schreib sie aus dem Gedächtnis auf!

✷ 68

***Erfinde ähnliche Geschichten** zu den folgenden Themen:*

Warum der Elefant einen langen Rüssel hat

Warum der Esel lange Ohren hat

Warum sich der Frosch aufbläht

Warum die Schnecke ihr Haus auf dem Rücken trägt

✸ 69

Auch zu diesen **Themen** lassen sich merkwürdige Geschichten schreiben:

Mit einer Tarnkappe unterwegs

Mit dem Schaufelrad ins Innere der Erde

Mit Schwimmhäuten auf den Meeresgrund

Mit Sprungschuhen über die Berge

Auf Besuch im Land „Ausdenkia“ (seltsame Menschen, ungewöhnliche Tiere, sonderbare Gebäude …)

Geschichten nacherzählen und umgestalten

70

Gerti und ihre zwölfjährige Schwester Lotte waren in den Sommerferien auf einem Bauernhof.
Eines Tages hatte Lotte folgendes Erlebnis:

Am späten Nachmittag, als es nicht mehr so heiß war, wurden die zwei Kühe und die Ziege des Bauern auf die Weide getrieben. Lotte ging mit. Unter dem Arm trug sie ihren Zeichenblock und im Schürzensack steckten Bleistifte und ein Radiergummi. Lotte zeichnet nämlich sehr gerne. Sie möchte einmal Malerin werden.
An diesem Nachmittag setzte sich das Mädchen am Wiesenrand auf einen Feldstein und begann, die grasenden Kühe zu zeichnen. Auf dem Blattrand lag griffbereit der große Radiergummi. Lotte merkte gar nicht, dass die Ziege immer näher kam und auf einmal hinter ihr stand. Plötzlich schnappte das Tier den Radiergummi und wollte ihn verspeisen. Lotte erwischte gerade noch rechtzeitig das eine Ende und zog kräftig daran. Doch die Geiß wollte ihren Bissen nicht loslassen. Und so zogen die beiden eine Weile hin und her, bis der Radiergummi schließlich in zwei Teile gebissen war. Das eine Stück blieb Lotte zum Radieren, das andere ließ sich die Ziege gut schmecken.

Erzähle die Geschichte so nach, wie Lotte sie später ihrer Mutter erzählt hat! Schreibe auch auf, was sich Lotte bei dem Vorfall gedacht hat! Erzähle lebendig!

71 → *L*

Den folgenden Text, die Geschichte vom größenwahnsinnigen Ochsenfrosch, hat ein Dichter verfasst. Es ist eine Geschichte, aus der die Leser eine Lehre ziehen sollen. Eine solche Geschichte nennt man **Fabel.**

Gliedere den Text in Einleitung, Hauptteil und Schluss! Formuliere dann die Lehre in einem Satz!
Anschließend erzähle die Fabel mit eigenen Worten nach!

Der größenwahnsinnige Ochsenfrosch

In einem Teich lebte ein Ochsenfrosch, der sich einbildete, er wäre nicht nur der größte am Ort, sondern auch der größte der Welt. „Ich bin nicht wie andere Frösche“, pflegte er allen zu sagen, die es hören wollten, „ich bin der größte meiner Art. Aus diesem Grunde nennt man mich den Ochsenfrosch.“ Er hatte aber in seinem Leben noch nie einen Ochsen, geschweige denn einen Stier gesehen.
Da kam eines Tages ein mächtiger Stier an den Teich, um seinen Durst zu stillen. Einen Augenblick lang verschlug sein Anblick dem Ochsenfrosch die Sprache, und er war sehr erschrocken.
Aber bald schon war er wieder so größenwahnsinnig wie zuvor. „Dieser Stier“, sagte er zu seinen Freunden, „ist zweifellos ein mächtiges Tier, aber ich kann mich so groß machen, wie er ist!“ Und er blähte seine runzelige Haut auf.
„Bin ich so groß wie der Stier?“, fragte er einfältig. Als die anderen Frösche das verneinten, blies er sich weiter auf und war schließlich doppelt so groß wie gewöhnlich. „Bin ich jetzt so groß wie der Stier?“, quakte der Ochsenfrosch. „Nein“, sagten die anderen Frösche schadenfroh, „der Stier ist noch viel größer.“ – „Wartet ab!“, sagte der Ochsenfrosch verbissen, holte tief Luft und blähte sich so wütend und heftig auf, dass er mit einem Knall zerplatzte.

Rudolf Hagelstange (nach Äsop)

72

Geschichten kann man auch verändert erzählen. Lies die folgende Fabel aufmerksam durch und schreib sie dann mit eigenen Worten so auf, dass der Leser den Eindruck hat, das Geschehen laufe eben jetzt ab (in der Zeitform „Gegenwart“)!

Der Löwe und die Maus

Ein Löwe hielt in einem dichten Gebüsch seinen Mittagsschlaf. Eine Maus wollte den Weg abkürzen und lief dem Löwen über die Nase. Der Löwe erwachte davon, erblickte die Maus und hielt sie mit seiner großen Tatze fest. Die arme Maus jammerte und bat den Löwen um Schonung. Da schenkte ihr der Löwe Leben und Freiheit. Froh lief die Maus davon.
Nicht lange danach erzitterte die Luft von dem Gebrüll des Löwen. Er hatte sich in einem Netz gefangen und versuchte vergeblich, sich daraus zu befreien. Schnell lief die Maus herbei, zernagte den Strick und befreite den Löwen.

Äsop

73

Lass nun die Maus die Ereignisse erzählen! Du darfst auch Einzelheiten hinzufügen.

74

Du hast sicher schon einmal von den Streichen des Till Eulenspiegel gehört. Hier ein Beispiel:

Wie Eulenspiegel in die Luft schaute

Einmal stand Eulenspiegel, der ewige Schalksnarr, mitten auf dem Marktplatz und starrte in die Wolken; sein Kopf bog sich dabei tief ins Genick.
„Was guckst du denn immerzu in die Luft?“, fragte ihn der Ratsdiener. „Das ist meine Sache“, erwiderte Eulenspiegel und blickte weiter nach oben. Rasch rief der Ratsdiener einen der Ratsherren, der gönnerhaft fragte: „Till, was gibt es denn Wichtiges zu sehen?“ Eulenspiegel rollte geheimnisvoll die Augen und meinte: „Habt Geduld! Sobald es nicht mehr da ist, gebe ich Euch näheren Bescheid!“
Unterdessen sammelten sich immer mehr Menschen auf dem Markt. Alle glotzten zum Himmel hin. Aber niemand sah etwas, weder einen Habicht noch eine Taube. Und einen Luftballon bemerkte man erst recht nicht, weil es damals noch keinen gab.
Doch Till Eulenspiegel starrte unentwegt zum Himmel, sagte mitunter: „Ach, so was Dummes!“ oder „Soll man's für möglich halten?“, gab aber sonst keine Auskunft, als wollte er sein Geheimnis hüten.
Da reichten die Bürger allerlei Geschenke, und die Herren des Rates versprachen dem Narren sogar einen hohen Titel, wenn er endlich verrate, warum er so unentwegt nach dem Himmel starre.
Also ließ Eulenspiegel die Geschenke in die Tasche stopfen, bald eine Münze, bald zwei Äpfel, auch nahm er den Rang eines Ratsherrn an. Dann, nach einer Viertelstunde, neigte er den Kopf behutsam nach vorn, lächelte und sprach: „Ich hatte nämlich Nasenbluten. Und nun ist's vorbei.“

Heinz Steguweit

75

Erzähle die Geschichte nach! Lass aber einen Bürger erzählen! ***Eulenspiegel*** *macht sich über die Leute lustig, indem er alles wörtlich ausführt.*
Nimm z. B. an, Eulenspiegel geht bei einem Friseur in die Lehre!

Der Meister gibt ihm den Auftrag, einer Dame die Haare zu schneiden und diese dann in Wellen zu legen. Eulenspiegel führt diesen Auftrag wörtlich aus, schneidet der Dame mit der Schere alle Haare ab und legt sie dann auf dem Boden in Wellen auf.

Gestalte diesen ***Erzählkern*** *zu einer lustigen Erzählung aus!*

76

Ein anderes Mal soll **Eulenspiegel** im Auftrag eines Kaufmannes, bei dem er arbeitet, eine größere Summe Geldes zur Bank bringen. Als er im Park eine Bank sieht, legt er das Geld auf die Bank und kehrt zurück ...

Schreibe nach diesen Angaben eine lebendige Geschichte! Erzähle auch, was sich nachher ereignet haben könnte! Lass die Leute wörtlich reden!

77 → L

Auch **Märchen** lassen sich verändern.
Das Märchen von den Bremer Stadtmusikanten ist dir sicher bekannt.

Schreib zu diesem Märchen einen anderen Anfang! Wie müsste das Märchen etwa beginnen, wenn der Esel nicht alt und krank, sondern jung und arbeitsfähig wäre, aber dennoch unzufrieden mit der Lage, in der er sich befindet?

78 → L

Unterhaltsam ist es auch, **„Gegenmärchen“** zu erfinden. Wie du weißt, ist in dem Märchen vom Rotkäppchen das Rotkäppchen gut und brav, der Wolf jedoch böse.

Nimm an, das Gegenteil wäre der Fall, und verfasse ein Märchen unter dem Titel „Das böse Rotkäppchen und der liebe Wolf“! Vorher notiere dir die Eigenschaften vom Rotkäppchen und vom Wolf!

79

Du kennst sicherlich das Märchen von Hänsel und Gretel.

Wie wäre das Märchen ausgegangen, wenn im Knusperhäuschen keine Hexe, sondern eine gutmütige alte Frau gewesen wäre? Erzähle ein solches Märchen!

80

Erzähle das folgende Märchen nach, lass aber den Junker Prahlhans erzählen:

Junker Prahlhans

Ein König hatte einen jungen Edelknecht, den man Junker Prahlhans nannte, weil er immer viel versprach und wenig hielt. Es lebte aber auch am Hofe des Königs ein Spaßmacher, und dieser wollte den Prahlhans bessern. Das ging aber auf folgende Weise: Eines Tages hätte der König gerne gebratene Vögel gegessen und sprach zum Junker: „Hans, geh hinaus in den Wald und schieße mir zehn Vögel für meinen Tisch!“ Der Junker aber sprach: „Nicht nur zehn, sondern hundert Vögel will ich dir schießen.“ – „Gut“, sprach der König, „wenn du ein so tüchtiger Schütze bist, so bring mir hundert; sollst für jeden einen Taler haben!“ Der alte Spaßmacher hörte das und ging dem Junker voraus in den Wald, wo die meisten Vögel waren, rief ihnen zu und sprach:

„Ihr Vöglein, flieget alle fort!
Hans Großmaul kommt an diesen Ort,
möcht' hundert Vögel schießen.“

Als Junker Hans in den Wald kam, da konnte er keinen Vogel erblicken, denn sie hatten sich alle in ihren Nestern versteckt. Und als er mit leeren Taschen zurück zum König kam, wurde er hundert Tage lang ins Gefängnis gesperrt, weil er sein Wort nicht gehalten hatte.
Als er wieder frei war, sprach der König: „Ich möchte wohl einen Hirsch für meinen Tisch haben.“ Der Junker gedachte seines Leidens, das seine Prahlerei ihm schon verursacht hatte, und sagte bescheiden: „Ich will hingehen und schauen, ob ich einen Hirsch erlegen kann.“ Und als er hinging, konnte er wirklich einen schießen und brachte ihn mit Freuden dem König. Der lachte und sprach: „Schau, wenn man nichts Unmögliches verspricht, so ist das Worthalten leicht!“ Und der Spaßmacher lachte sich ins Fäustchen, denn der Junker war von jetzt an bescheiden.

Otto Sutermeister

81

Familie Kramer hatte einen neuen Fernsehapparat. Jeden Abend saßen alle davor und guckten in die Flimmerkiste. Eines Tages aber, als die Kinder gerade die Sendung vom Sandmännchen eingeschaltet hatten, stieg es plötzlich aus dem Kasten und setzte sich zu ihnen ...

Erzähle, was da bei Familie Kramer los war!

82 → *L*

Fritz hat die folgende Fabel vom Wolf und dem Schäfer nacherzählt und dabei immer das Wort **„sagen“** verwendet. Der Lehrer, der seinen Aufsatz gelesen hat, meint, solche Wortwiederholungen seien nicht schön und sollten vermieden werden. Er fordert Fritz auf, die Nacherzählung umzugestalten und statt „sagen“ die Wörter „sprechen“, „entgegnen“, „meinen“, „erwidern“, „fragen“, „fortfahren“, „antworten“, „rufen“ u. dgl. zu verwenden.

Schreibe den Text ab und ergänze in den Lücken ein treffendes Wort für „sagen“!

Ein alter Wolf kam zu einem Schäfer und ____________: „Du weißt, dass ich dir manches Schaf erwürgen könnte. Wenn du mir jedes Jahr sechs Schafe gibst, will ich deine Herde verschonen.“ Der Schäfer ____________: „Sechs Schafe? Das ist ja fast eine Herde!“ Da ____________ der Wolf: „Nun, weil du es bist, will ich auch mit fünf zufrieden sein.“ Der Schäfer ____________: „Du scherzt. Auch so viele will ich dir nicht geben.“

Der Wolf ____________ : „Auch nicht vier?“ Und als der Schäfer spöttisch den Kopf schüttelte, _______ der Wolf _______: „Drei? – Zwei?“

Lachend ______________ darauf der Schäfer: „Nicht ein einziges, denn es wäre töricht, dir etwas zu geben, da ich mich vor dir durch meine Wachsamkeit schützen kann.“

Nach Lessing

Texte in Wechselrede verfassen

83

Es gehört sich nicht, Gespräche absichtlich zu belauschen. Manchmal wird man aber unabsichtlich Zeuge eines Gesprächs, z. B. an einer Haltestelle, im Autobus, in einem Lokal. Berta wird Zeugin eines **Gesprächs am Gartenzaun:** Frau Schön hat schöne Erdbeeren geerntet, Herr Kümmerling hat leere Beete. In seinem Garten will nichts wachsen. Was macht er falsch? Er will Frau Schön um Rat fragen. Sie wird ihm sagen können, wie er seinen Garten pflegen muss.

Vervollständige das folgende Gespräch:

Herr Kümmerling: „Sie haben schon wieder so viele schöne Erdbeeren geerntet. Bei mir wächst nichts."

Frau Schön: „ Ich hab' aber auch viel Arbeit mit meinem Garten."

Herr Kümmerling: „Das Gemüse will bei mir überhaupt nicht gedeihen. Was soll ich tun?"

Frau Schön: ______________________________

______________________________________.

Herr Kümmerling: „Warum vertrocknen bei mir die Pflanzen?"

Frau Schön: ______________________________

______________________________________.

Herr Kümmerling: „Mein Boden ist so hart."

Frau Schön: ______________________________

______________________________________.

Herr Kümmerling: „Und die vielen Engerlinge!"

Frau Schön: ______________________________

______________________________________.

Herr Kümmerling: „Sie haben gar kein Unkraut im Garten."

Frau Schön: ______________________________

______________________________________.

Herr Kümmerling: „Meine Erdbeerbeete sind seit Jahren leer."

Frau Schön: ______________________________

______________________________________.

84

Nimm folgende Situation an: Konrads Spielzeugauto funktioniert nicht. Er geht zu seinem Vater, der gerade Zeitung liest. Es entwickelt sich folgendes **Gespräch:**

Konrad: „Vati, mein Auto ist kaputt. Kannst du es mir reparieren?"
Vater: „Nachher."
Konrad: „Ich möchte aber jetzt mit dem Auto spielen."
Vater: „Ich lese jetzt die Zeitung."
Konrad: „Nachher regnet es bestimmt wieder. Da kann ich es nicht ausprobieren."
Vater: „Wenn ich die Zeitung gelesen habe."
Konrad: „Bitte, bitte! Vati!"
Vater: „Nervensäge!"

Wie könnte das Gespräch weitergehen? Schreibe es auf!

85

Zu einem Ferngespräch gehören zwei. Heute nachmittag ist eine Probe für die Aufführung eines Theaterstückes angesetzt. Aber die Spieler können nicht beginnen, weil einer fehlt. Sie warten. Schließlich hat Fritz einen guten Einfall. Er ruft an:

„Hier spricht Fritz Kunze. Wer ist dort?"

„ ______________________________."

„Wo bleibst du denn? Wir warten auf dich."

„ ______________________________."

„Ohne dich können wir nicht anfangen."

„ ______________________________."

Wir können die Spielkiste nicht öffnen."

„ ______________________________."

„Aber ich hab' ihn dir doch gegeben."

„ ______________________________."

„Nein, dort ist der Schlüssel nicht."

„ ______________________________."

„Du hast ihn doch in die Hosentasche gesteckt."

„ ______________________________."

„Das Loch nähe später zu. Jetzt suche ihn."

„ ______________________________."

„Gott sei Dank, dass du ihn endlich gefunden hast."

„ ______________________________."

„Aber jetzt komm schnell!"

„ ______________________________."

„Auf Wiedersehen!"

Ergänze, was Heinz am anderen Ende gesagt hat!

86

Was sprechen die drei Männer? Schreib das Gespräch in ein Heft!

87

Ein misslungenes Telefongespräch:
Elfi wählt die Nummer ihrer Freundin und meldet sich:

„Hier ist Elfi Kummer. Irene, bist du am Apparat?“

„Ja, grüß dich, Elfi. Ich hab’ eben ____________

______________________________________.“

„Irene, ich kann dich nicht verstehen. Bitte sprich etwas lauter!“

„Elfi, ich gehe nachmittags ______________

______________________________________.“

„Wohin gehst du nachmittags? Deine Stimme ist schon wieder leiser.“

„Weißt du, ich bin um 16 Uhr ______________

______________________________________.“

„Irene, was ist um 16 Uhr? Kommst du da zu mir?“

„Ich muss unbedingt ______________________

______________________________________.“

„Irene, ich verstehe alles nur halb. Ist euer Apparat nicht in Ordnung? Hörst du mich überhaupt?“

Da Elfi keine Stimme mehr hört, wählt sie nochmals neu. Jetzt vernimmt sie nur mehr ein summendes Geräusch. Ärgerlich legt sie den Hörer auf.

Ergänze die unvollständigen Antworten!

88

Manchmal werden Gespräche auch geplant und sollen die Öffentlichkeit über einen Sachverhalt informieren. Solche Zwiegespräche werden **Interview** genannt.
Nachfolgend ein **Beispiel** aus dem „Sprachbastelbuch“:

Gespräch mit einem Wassermann

Reporter: Verehrte Hörer, es freut uns außerordentlich, Ihnen einen der bedeutendsten Wassermänner vorstellen zu dürfen. Freund Wassermann, in welchem Zeichen sind Sie geboren?
Wassermann: Im Wasserzeichen der Wasserwaage.
Reporter: Und wann?
Wassermann: Eintausend nach der Wasserrechnung.
Reporter: Da sehen Sie aber erstaunlich jung aus. Wie erklären Sie sich das?
Wassermann: Ich mache von Wasserfall zu Wasserfall eine Wasserkur.
Reporter: Woraus besteht diese Kur?
Wassermann: Aus Wasserspülungen.
Reporter: Mein lieber Wassermann, das ist großartig. Haben Sie eine Lieblingsbeschäftigung?
Wassermann: Ja.
Reporter: Welche?
Wassermann: Am liebsten zähle ich Wasserflöhe und Wasserlilien.
Reporter: Welches Haustier würden Sie halten, wenn Sie eines halten dürften?
Wassermann: Die Wasserspinne. Ich halte sie. Ich wohne im Wasserschloss, das gehört mir, und niemand kann es mir verbieten.
Reporter: Tun Sie etwas für Ihre Schönheit?
Wassermann: Freilich. Ich lasse mir wöchentlich frische Wasserwellen legen.
Reporter: Das sieht man. Bevorzugen Sie besondere Kleider?
Wassermann: Das will ich meinen. Ich trage die feinsten Wasserstiefel und Wasserhosen aus feinstem Wasserstoff.
Reporter: Welche Speisen lieben Sie?
Wassermann: Einen kleinen Wasserhahn mit Wasserlinsen und nachher einen mürben Wasserstrudel, das speise ich gern. Wassersuppe kann ich nicht ausstehen.
Reporter: Sie sind so berühmt. Hat es in Ihrer Familie andere berühmte Leute gegeben?
Wassermann: Ja. Der großväterliche Wassermann mütterlicherseits hat den Wasserspiegel erfunden und der großväterliche Wassermann väterlicherseits das Wasserklosett.

Reporter: Das ist beachtlich. Welche Spiele mögen Sie?
Wassermann: Wasserspiele! Wassermühle und Wasserball.
Reporter: Sie haben so viele gute Eigenschaften, haben Sie auch schlechte?
Wassermann: Vielleicht. Ich bin schlampig im Wasserhaushalt und mache selten mein Wasserbett.
Reporter: Haben Sie ein kleines Laster?
Wassermann: Wenn Sie das so nennen wollen. Ich rauche Wasserpfeife.
Reporter: Was tut unser Wassermann ungern?
Wassermann: Wasserschlangestehen an der Wasserrutschbahn. Das Wasserrutschen an und für sich ist lustig.
Reporter: Wassermann, wenn Sie nicht Wassermann wären, was möchten Sie denn sein?
Wassermann: Wasserflaschenfabrikant oder Wasserradfahrer.
Reporter: Vielen Dank, lieber Wassermann.

Hilde Leiter

*Plane ein ähnliches **Interview** zwischen einem Reporter und einem Handwerker! Informiere dich über seine Tätigkeiten und seine Ansichten!*
Bereite dir die Fragen schriftlich vor und schreib das ganze Gespräch anschließend nieder!

89

Beim folgenden erzählenden Text eines Schülers kommen drei Personen vor. Schreib ihn ab und ordne ihn so an, dass man die einzelnen Rollen deutlich erkennt! Dann spiele ihn mit deinen Freunden!

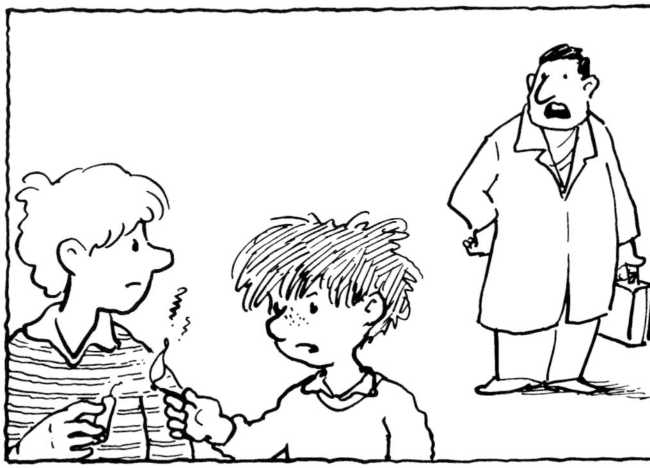

Die Knallerei

„Ich habe einen Knallfrosch bei mir. Wollen wir ihn loslassen?“ – „Nein, wir lassen erst ein paar Lady-Kracker los.“ – „Gut, ich habe Streichhölzer.“ – „Los, zünd an!“ – „Achtung! Ohren zuhalten!“ – „Wumm, das war aber ein China-Böller.“ – „Ja, und?“ – „Und jetzt den Knallfrosch.“ – „Achtung, jetzt!“ – Peng, ping, krach, knall, paff, zisch! – „Ihr seid wohl verrückt geworden, hier herumzuknallen! Verschwindet! Lasst euch hier nicht wieder blicken!“ – „Los, wir hauen ab!“ – „Nein, wir lassen noch ein paar Kracker los!“ – „Bist du verrückt? Wenn der zum Hausmeister geht!“ – „Soll er ruhig.“ – „Zünd an! Achtung!“ … Womm, piff, paff, krach, knall, schepper, zisch! – „Jetzt nichts wie weg!“ – „Ich gehe jetzt zum Hausmeister.“ – „Siehst du!“ – „Jetzt gibt's was!“ – „Wir hauen einfach ab!“

Axel, 4. Klasse

90

Nachstehend findest du oft wiederkehrende ***Redewendungen*** *bei Unterhaltungen. Ergänze die Listen!*

Wir fragen:
Wie geht es Ihnen?
Was fehlt Ihnen denn?
Ist das Ihr Ernst?
Wann reisen Sie ab?
Glauben Sie das wirklich?

____

____

____

Wir antworten:
Das ist mir sehr angenehm.
Ich habe mich sehr darüber gefreut.
Da hört sich doch alles auf.
Das freut mich aber!

____

____

____

Wir wünschen:
Glückliche Reise!
Viel Vergnügen!
Auf Wiedersehen!
Herzlich willkommen!
Aufrichtige Glückwünsche!
Guten Appetit!
Gute Nacht!

____

____

____

Wir rufen aus:
Nein, davon weiß ich nichts!
Bitte behalten Sie Platz!
Nanu, was wird denn das!
Ach, das ist doch nicht möglich!

____

____

____

Wir sind höflich:
Entschuldigen Sie, dass ...
Erlauben Sie, dass ...
Verzeihen Sie, dass ...
Gestatten Sie, dass ...

____

____

____

91

Wenn du Verkäuferin (Verkäufer) wärest, wie würdest du die Kunden ansprechen?

Zum Beispiel:

Womit kann ich Ihnen dienen?
Bekommen Sie schon?
Wollen Sie sich bitte einen Augenblick gedulden?
Wünschen Sie sonst noch etwas?
Haben Sie sonst noch Wünsche?
Wollen Sie die Ware gleich mitnehmen?
Bitte nehmen Sie einen Augenblick Platz!
Suchen Sie sich bitte etwas aus!

Ergänze die Liste und schreib dann ein Gespräch zwischen einer Verkäuferin und einem Kunden auf!

92

Die 4 a will am Elternabend eine Szene aufführen. In dem Buch „Im Märchen um die ganze Welt“ von Max Stebich finden die Schüler das folgende Märchen von den goldenen Schuhen.

Lies es mehrmals durch und erzähle es dann (mündlich) nach!

Für ein Spiel eignet sich besonders jene Szene, in der der Spielmann den Schuh dem Goldschmied anträgt und schließlich den Gedanken hat, noch einmal in der Kapelle zu spielen, um so seine Unschuld zu beweisen.

Entwirf von dieser Stelle einen ***Spieltext*** *und schreib auf, was der Spielmann sprechen könnte, was der Goldschmied, was der Landjäger usw.!*

Was sich vorher und was sich nachher ereignet, kann ein Sprecher bei der Aufführung zusammenhängend erzählen.

Die goldenen Schuhe

Es war einmal ein alter Spielmann, der zog kreuz und quer durch die Welt, geigte und sang überall und brachte sich damit recht und schlecht durchs Leben.
Eines Morgens kam er zu einer Kapelle. Weil er gerade voll guter Gedanken war, ging er hinein, nahm die Fiedel aus dem Sack und begann zu Gottes Ehre, so gut er es eben vermochte, ein frommes Lied zu spielen und dazu zu singen. Während er auf solche Art immer mehr und mehr in Eifer und Andacht geriet, fiel plötzlich von dem Marienaltar ein goldener Schuh herunter und ihm gerade vor die Füße. Der Spielmann blickte um sich, sah aber niemanden, der ihm den Schuh zugeworfen haben konnte. Mühselig bückte er sich und hob das seltsame Almosen auf. Weil er dessen wirklichen Wert jedoch nicht erkannte und das Gold nur für eine gelbe Farbe ansah, sagte er sich: „Ist die Gabe noch so klein, muss man doch zufrieden sein!“, steckte den Schuh ein und verließ die Kapelle wieder.
Als er ein Stündlein weitergewandert war, stand ein Bauernhaus an der Straße. Der Spielmann geigte und sang auch hier, wie vor allen Häusern, an denen er vorüberkam, und erhielt dafür eine kleine Gabe. Bevor er jedoch weiterzog, zeigte er dem Bauern den hübschen Schuh und fragte ihn, ob er ihm dafür nicht auch noch eine Kleinigkeit geben wolle.
Der Bauer drehte den Schuh eine ganze Weile hin und her, schüttelte den Kopf und sah abwechselnd den Spielmann und dann wieder das goldene Ding in seiner Hand an. Weil er aber dessen Wert erkannt hatte und in dem Spielmann einen Dieb vermutete, durch den er nicht in eine unangenehme Lage kommen wollte, bedauerte er, keine Verwendung dafür zu haben, und riet dem Mann, sein Glück doch lieber bei einem Schuster zu versuchen.
Im nächsten Marktflecken ging der Spielmann in den Laden eines Schusters und bot diesem das goldene Schühlein an. Aber auch dem kam die Sache nicht richtig vor, und er sagte: „Den Schuh kann ich zu nichts verwenden, der ist ja nicht aus Leder.“ Er gab dem Spielmann den Rat, er möge es bei einem Goldschmied versuchen, sagte ihm, wo im Orte einer sei, und wies ihm, bestrebt, den vermeintlichen Dieb so rasch wie möglich loszuwerden, auch noch den kürzesten Weg dahin.

Eine Weile später bot der Spielmann den Schuh dem Goldschmied an. Auch der betrachtete ihn von allen Seiten, legte ihn sogar auf die Waage, blickte durch seine Brille argwöhnisch nach dem Manne, der ihm das wertvolle Stück zum Kaufe angeboten, und sagte schließlich: „Ich kaufe dir den Schuh ab, nur musst du ein wenig warten, ich will mir nur erst das nötige Geld aus der Sparkasse holen lassen." In Wirklichkeit schickte er seinen Lehrling nach einem Landwächter, der den Verdächtigen festnehmen und verhören sollte.
Es dauerte kaum fünf Minuten, da waren gleich deren mehrere zur Stelle. Einer von ihnen forderte den Spielmann kurz angebunden auf, ihnen ohne Umschweife zu sagen, wo er das wertvolle Stück gestohlen habe.
„Der Herrgott im Himmel weiß", beteuerte der so schwer Beschuldigte, „dass ich ihn nicht gestohlen habe!" Und dann erzählte er den Landjägern, wie er in die Kapelle gekommen und dort vor dem Marienaltar gegeigt und gesungen hatte, und wie plötzlich der Schuh vor seinen Füßen gelegen war.
„Und das sollen wir dir glauben?", brüllte einer der Landwächter den betroffenen Spielmann an. „Du bist ein Dieb und wirst jetzt mit uns gehen!"
Der alte Spielmann wusste, was das zu bedeuten hatte und was ihm bevorstand. Wie sollte er aber den Hütern des Gesetzes seine Unschuld beweisen? Zeugen hatte er keine. Schon wollten ihn die Wächter ergreifen und ins Gefängnis führen, da kam ihm ein rettender Gedanke. Er bat die Männer, ihn, bevor sie ihn einsperrten, noch einmal in der Kapelle spielen zu lassen vielleicht würde sich dort seine Unschuld erweisen.
Die Landjäger lachten über die Einfalt des Mannes, erfüllten aber, freilich mehr zu ihrer Unterhaltung als zur Auffindung der Wahrheit,

dem Alten doch seine Bitte und führten ihn in die Kapelle. Dort begann er genauso innig und andächtig zu spielen und zu singen wie das erste Mal. Ja, er spielte noch viel inniger und schöner, denn er erflehte sich jetzt mit den Tönen seiner Geige und mit seiner Stimme von Gott, dem einzigen Zeugen seiner Unschuld, die Rettung. Kaum hatte er sein Lied beendet, da geschah auch tatsächlich das Wunder: Vor den Augen der Wächter fiel der zweite goldene Schuh dem Spielmann vor die Füße, und ein Lichtstrahl, von dem niemand wusste, ob er durch die bunt bemalten Fensterscheiben oder vom Altar herkam, breitete sich noch darüber. Jetzt erkannten die Wächter, dass der arme Alte die Wahrheit gesprochen hatte und die beiden goldenen Schuhe der himmlische Lohn für sein frommes Spiel gewesen waren. Ergriffen ließen sie ihn wieder seines Weges ziehen.
Der glückliche Spielmann aber ging zum Goldschmied zurück. Der kaufte ihm nun gern das Paar goldene Schuhe ab und gab ihm so viel Geld dafür, dass er sein ganzes Leben nicht mehr mit seiner Geige betteln zu gehen brauchte.

Wie du mit Texten den Leser informieren kannst

Über Vorfälle berichten

93

Herbert ist erkrankt. Er hat sich den Fuß gebrochen und muss einige Wochen im Spital bleiben.
Nimm an, Herbert ginge in deine Klasse und du wolltest ihm in einem ***Brief*** *berichten, was ihr in der letzten Woche in der Schule gelernt habt und was sich sonst noch Mitteilenswertes während dieser Zeit ereignet hat!*

94 → *L*

Berichte anhand des nachstehenden Bildes in einem Brief an deinen Freund (deine Freundin) über den dargestellten Unfall! Nimm an, du wärest Zeuge gewesen!

95

Berichte aus dem Krankenhaus in einem Brief an deine Mitschüler, wieso du eingeliefert werden musstest und wie es dir seither ergangen ist!

- Durch einen **Bericht** sollte der Leser über ein Ereignis, einen Vorfall tatsachengetreu informiert (unterrichtet) werden, also von Beteiligten oder Zeugen erfahren, **was** sich ereignet hat, **wie** das Geschehen abgelaufen ist, **wann** etwas geschehen ist, **wo** sich der Vorfall abgespielt hat, **wer** beteiligt war, **was** die Ursachen waren und **welche Folgen** der Vorfall hatte.
- Überlege vorher aber immer, für wen du den Bericht schreibst, welchem **Zweck** er dient! Danach richtet sich dann seine Form (Brief, Meldung, Zeitungsartikel u. dgl.).
- Berichte immer in der richtigen zeitlichen Reihenfolge!

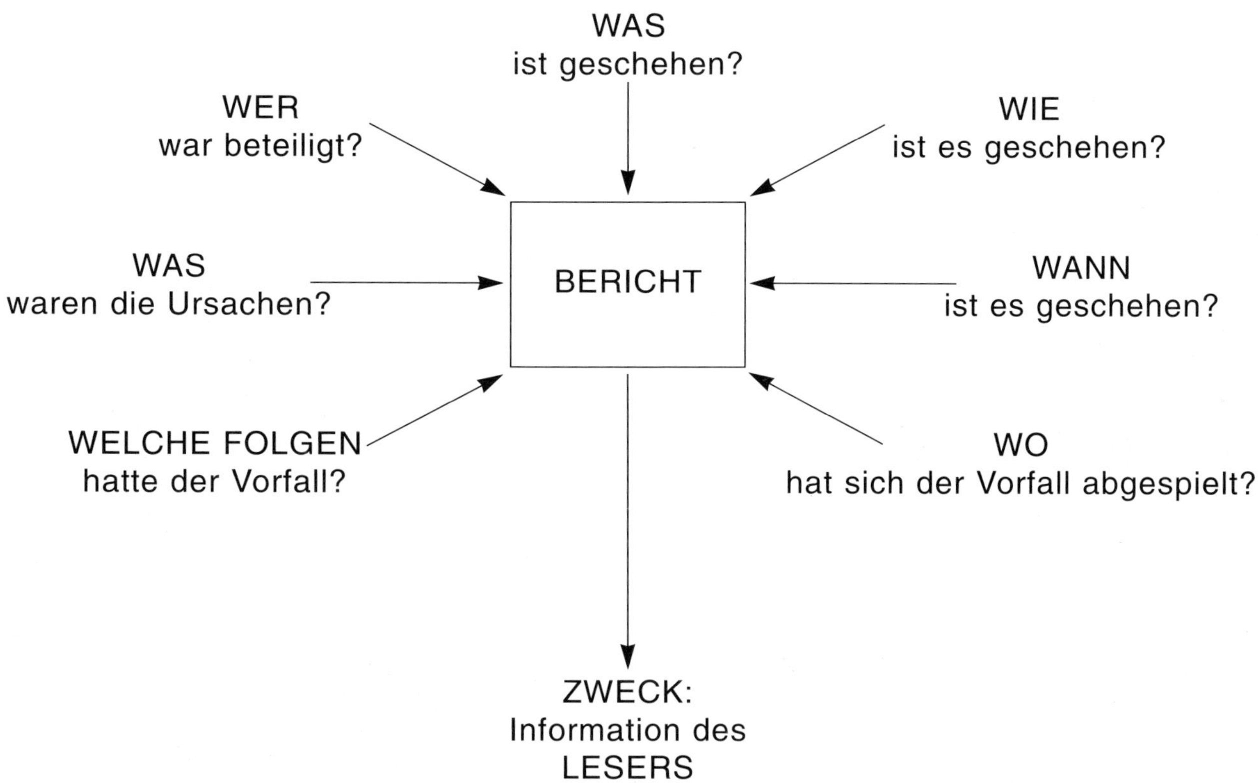

96

Betrachte die folgenden Bilder!
Was könnte das Mädchen, nachdem es die Frau auf das Loch in der Einkaufstasche aufmerksam gemacht hat, berichten?

Kontrolliere anschließend, ob du in deinem Bericht alle Fragen, die bei jedem Bericht gestellt werden müssen, beantwortet hast!

- Berichte nur über das Wesentliche!
- Berichte nur über Tatsachen!
- Vermeide in einem Bericht die wörtliche (direkte) Rede!

97

Berichte einem Freund (einer Freundin) in einem Brief über deinen Tagesablauf!

98 → L

Verfasse einen Bericht für die Unfallversicherung über das Geschehen, das die folgenden Bilder darstellen:

Die folgenden Stichworte können dir bei der Abfassung des Berichtes helfen: Barren – Grätsche – Absprung – Beinverletzung – Fuß gebrochen oder Bänderzerrung – schmerzhaft – Gehbehinderung – Rettungsauto – ärztliche Versorgung – Röntgenaufnahme – Gips – Spitalsaufenthalt.

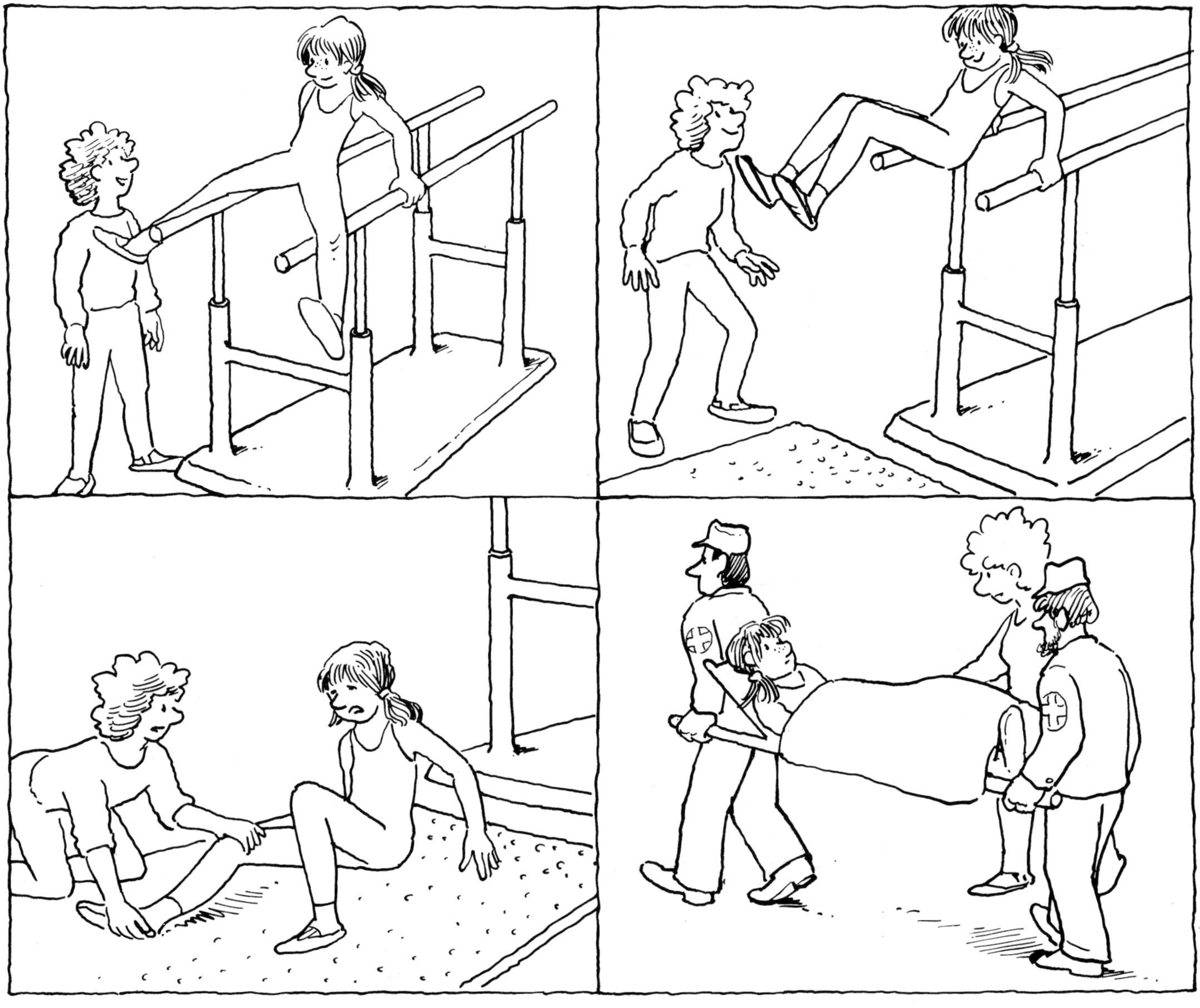

99

Berichte über die Vorbereitungen, die deine Freunde und du für eine Klassenfeier getroffen haben!

100

Berichte für die Klassenzeitung über einen Schulausflug oder eine Wanderung mit deinen Eltern!

101

Forme den folgenden Zeitungsbericht zu einem persönlichen Bericht um, wie ihn der dreizehnjährige Retter in einem Brief an seinen Vetter verfasst haben könnte! Schreib in der Ichform!

Dreizehnjähriger rettet Mädchen vor Ertrinken

Im Jänner dieses Jahres hatte es in Braunau minus 5 Grad. Ein vierjähriges Mädchen rodelte einen Hang hinunter und geriet dabei in die Enknach. Der dreizehnjährige Hauptschüler Albert beobachtete den Unfall, sprang in den Bach und packte das Mädchen, das unterzugehen drohte. Er schwamm mit der Kleinen ans Ufer. Glücklicherweise hat das kalte Bad weder dem Buben noch dem Mädchen geschadet.

102

Für welchen Zweck könnte dieser Bericht abgefasst worden sein?

<u>5 : 0 - SIEG DER 4 b</u>

Bei dem Fußballwettspiel zwischen der 4 a und der 4 b am Freitag konnten die Spieler der 4 b ihre Gegner mit 5 : 0 schlagen.
Der Sieg konnte vor allem durch das hervorragende Zusammenspiel von Walter B. und Werner S. errungen werden. Sie schossen 3 der 5 Tore. Der gegnerische Tormann hätte freilich bei etwas mehr Aufmerksamkeit die Anzahl der Tore verringern können. Wir gratulieren der siegreichen Mannschaft.

Verfasse einen ähnlichen Sportbericht über ein Wettspiel für die Klassenzeitung!

Etwas beobachten und darüber berichten

103

a) Beobachtungen aufschreiben

Es war einmal ein Polizist, der ging auf den Platz bei der Martinskirche, um die Autos aufzuschreiben, die falsch geparkt waren. Aber alle Autos waren richtig geparkt. Da zog er sein Büchlein aus der Tasche und schrieb auf, was er sonst beobachtet hatte:

1. einen Kastanienbaum, der nicht ganz in der Reihe stand;
2. eine Katze, die fünf Meter neben dem Zebrastreifen über die Fahrbahn lief;
3. eine vorüberfliegende Amsel, die etwas fallen ließ, wobei sie ihn, den Polizisten, fast getroffen hätte;
4. die Kirchturmuhr, die drei Minuten vorging;
5. eine finstere Wolke, die wie ein Krokodil aussah und das Maul zu weit aufriss;
6. den Schnürsenkel seines eigenen linken Schuhs, weil er aufgegangen war;
7. ein Blatt Papier, das mitten auf der Straße herumtanzte;
8. einen Fensterladen, der hin und her schlug;
9. zwei dicke Tropfen, die auf sein Büchlein fielen;

10. einen lila Blitz;
11. einen Donnerschlag, der solchen Krach machte, dass der Polizist hinter „Donnerschlag“ drei Ausrufezeichen setzte.

Danach wollte der Polizist den Wolkenbruch aufschreiben, der mit Wucht einsetzte, aber er kam nur bis „Wol ...“, dann klappte er schleunigst sein Büchlein zu und rannte davon.
Der Himmel war plötzlich schwarz geworden.
Es goss wie mit Kübeln.
Eine Frau, die aus dem Frisiersalon „Helga“ kam, drehte sich um und lief ins Geschäft zurück.
Ein Mann sprang gebückt, die Jacke über den Kopf gezogen, zu seinem Auto.
Millionen Regentropfen trommelten auf die Bäume, knatterten auf die Autodächer und prasselten auf die Erde.
Bäche schossen über die Straßen und auf dem Platz bildeten sich überall Pfützen, in denen das Wasser brodelte.
Ein Hund, der vor Nässe ganz mager wirkte, jagte mit eingezogenem Schwanz über den Platz.
Von den wenigen Autos, die auf der Straße fuhren, spritzte mannshoch das Wasser.
Ab und zu fielen Blätter und kleine Zweige von den blankgewaschenen Kastanienbäumen.
Abwechselnd wurde es finster und dann wieder grell hell.
Donnerschlag folgte auf Donnerschlag.
In den Geschäften gingen die Lichter an.
Überall zeigten sich die Gesichter von Erwachsenen und Kindern hinter den Fensterscheiben.

Und was geschah noch alles? Das musst du Rudi und Marion fragen, die auch aus dem Fenster schauten und um die Wette aufschrieben. Als das Gewitter vorüber war, hatte es Rudi auf 31 Punkte gebracht – Marion hatte 47 geschafft!

Josef Guggenmos

Lies die Geschichte genau durch!
Warum ist sie anfangs so lustig? Stelle fest, was Rudi und Marion aufschreiben konnten!
Schreib einige ihrer Beobachtungen untereinander auf!
So: Der Polizist klappte sein Buch zu.
Er rannte vor dem Wolkenbruch davon.

b) Beobachte selbst eine Weile, was du vom Fenster eurer Wohnung aus sehen kannst! Schreibe dann einige deiner Beobachtungen so genau wie möglich auf!
Vorher sammle Wörter, die du bei der Abfassung deines Berichtes verwenden kannst!

Fahrzeuge auf der Straße: Möbelwagen, Personenkraftwagen, Straßenbahn, Schnellbahn, Fahrrad, Autobus, Moped ...

Wie Fahrzeuge vorüberkommen: schnell, flink, eilig, rasch, gemächlich, langsam, rasant ...

Welche **Geräusche** sie verursachen: die Lastwagen knarren, die Straßenbahn rumpelt, die Mopeds knattern, die Autos brummen, die Motorräder rattern ...

Wie die **Personen** sind, die vorübergehen: blass, hager, groß, hübsch, schlank, dick ...

Wie sich die Leute **fortbewegen:** sie gehen, laufen, schreiten, spazieren, bummeln, stolzieren, humpeln, hasten, tummeln sich, watscheln, hinken ...

104

Katrin (4. Klasse) hat ein Tier besonders genau beobachtet und schriftlich darüber berichtet:

Ich sehe zu, wie die Kohlmeise einen Sonnenblumenkern frisst

Ich lege eine Handvoll Sonnenblumenkerne auf das Fensterbrett. Dann verstecke ich mich hinter dem Vorhang. Kurze Zeit später schwirrt eine Kohlmeise auf das Fensterbrett. Sie sieht sich zuerst ein wenig um, dann pickt sie einen Kern heraus. Sie hüpft mit dem Kern in die Ecke des Fensterbrettes, legt ihn ab und umklammert ihn dann mit den Krallen. Nun hämmert die Meise mit ihrem spitzen Schnabel den Kern auf. Die Hülse lässt sie liegen, den ölhältigen Inhalt verspeist sie. Und schon hüpft sie wieder zum Futter und holt sich einen weiteren Kern.

Beobachte auch du ein Tier und berichte darüber!
Die nachfolgenden Wörter kannst du bei der Abfassung deines Berichtes verwenden.

Wie die Tiere sind:
drollig, gefährlich, gutmütig, futterneidisch, zierlich, gelehrig ...

Welche **Laute** die Tiere von sich geben:
sie brüllen, grunzen, singen, zwitschern, pfeifen, winseln, bellen, knurren, trillern, gurren, scharren ...

Welche **Bewegungen** sie ausführen:
sie flattern, schwirren ab, segeln, picken, klammern sich an, schleichen, springen, watscheln, klettern, hüpfen, schwimmen ...

105 → L

***Beobachte**, wie ein Auto aufgetankt wird, und **berichte** schriftlich darüber!*
Aus der nachstehenden Zeichnung kannst du ersehen, wie die Dinge bei einer Tankstelle benannt werden.

Verwende für deinen Bericht die Zeitwörter aussteigen, öffnen, wählen, füllen, schließen, kontrollieren, aufpumpen, bezahlen ...

1 die Zapfsäule für Super- und Normalbenzin (ähnl.: für Dieselkraftstoff)
2 der Zapfschlauch
3 der Zapfhahn (die Zapfpistole)
4 der angezeigte Geldbetrag
5 die Füllmengenanzeige
6 die Preisangabe
7 das Leuchtzeichen
8 der Autofahrer bei der Selbstbedienung
9 der Feuerlöscher
10 der Papiertuchspender
11 das Papiertuch (Papierhandtuch)
12 der Abfallbehälter
13 der Zweitaktgemischbehälter
14 das Messglas
15 das Motoröl
16 die Motorölkanne
17 der Reifendruckprüfer
18 die Druckluftleitung
19 der Luftbehälter
20 das Manometer (der Reifenfüllmesser)
21 der Luftfüllstutzen
22 die Autobox (Reparaturbox)
23 der Waschschlauch, ein Wasserschlauch
24 der Autoshop
25 der Benzinkanister
26 der Regenumhang
27 die Autoreifen
28 das Autozubehör
29 die Kasse

106 → L

***Beobachte,** wie eine Straße gebaut wird! Verwende für deinen Bericht dann die nachstehenden Wörter!*

Planierraupe – Erdreich – Bruchsteine – Schotter – Sand – Bagger – Straßenwalze – Teer – Asphalt – abgraben – zur Seite schieben – baggern – planieren – auftragen – walzen – asphaltieren – teeren – streuen – befahren …

107

***Beobachte** einen Handwerker bei seiner Arbeit und berichte dann darüber in wenigen Sätzen!*

108 → L

Robert hat beobachtet, wie sein Vater ein Rad an seinem Auto gewechselt hat. Während der Arbeit hat sich Robert in Stichworten die Tätigkeiten notiert. Bei der Niederschrift in zusammenhängenden Sätzen stellt er dann fest, dass die Reihenfolge nicht stimmt.

Bringe die nachstehenden Stichwörter vorerst in die richtige Reihenfolge, dann verfasse einen zusammenhängenden Bericht! Beginne die Sätze jedoch nicht immer mit den gleichen Worten!

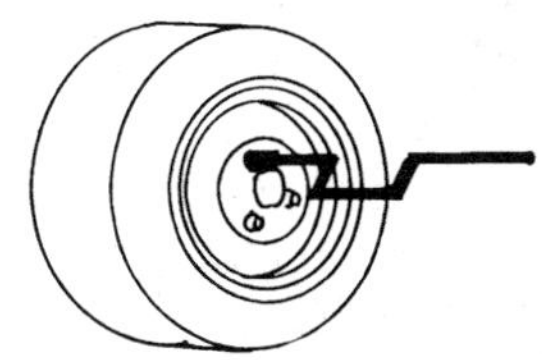

- ☐ Rad abnehmen
- ☐ Schrauben mit dem Kreuzschlüssel festziehen
- ☐ Handbremse anziehen
- ☐ Auto mit dem Wagenheber hochkurbeln
- ☐ Radkappe aufsetzen
- ☐ Schrauben eindrehen
- ☐ Radkappe entfernen
- ☐ Wagenheber hinunterkurbeln
- ☐ Rad aufstecken
- ☐ Wagenheber ansetzen
- ☐ Schraubenmuttern mit dem Kreuzschlüssel herausdrehen

Über Inhalte von Texten berichten

109

Wenn du den **Inhalt eines kurzen Textes** mit wenigen Worten wiedergeben willst, kannst du die wichtigsten Stellen unterstreichen oder am Rand in Stichworten notieren:

Berichte nun zusammenhängend mündlich und schriftlich über den Inhalt der Geschichte in der Gegenwartsform!

Wie die Schildbürger ihr Rathaus bauten

Nach harter Arbeit und gemeinsamem Schaffen hatten die Schildbürger ihr neues Rathaus hergestellt. Wohlgefällig betrachteten sie das Meisterwerk und schritten zur ersten Sitzung. Wie erstaunten sie aber, als sie in allen Räumen nicht die Hand vor den Augen sahen. Die Narren hatten vergessen Fenster freizulassen. Guter Rat war nun teuer. Schließlich hatte einer der Bauherren einen glänzenden Einfall. Er meinte, dass man vielleicht das Licht oder den Tag in einem Sack ins Rathaus tragen könnte, wie das Wasser in Eimern getragen werde. Diesem Rat stimmten die Schildbürger mit Freuden zu.
Um Mittag versammelten sich Männlein und Weiblein mit allerlei Geschirr vor dem Rathaus. Als die Glocke eins schlug, griffen sie zu Schaufeln, Gabeln und Löffeln, um das Licht einzufangen und in die Säcke, Kübel und Tüten zu füllen. Dann trugen sie die Behälter ins Rathaus. Aber so sehr sie sich auch mühten, gewannen sie noch nichts dabei. Das Rathaus blieb dunkel, und die Schildbürger suchten Trost im Wirtshaus.

Schildbürger haben neues Rathaus gebaut

vergessen Fenster freizulassen, Beratung

glänzender Einfall:
Licht in Säcken ins Rathaus tragen

Zustimmung aller

versammeln sich mit Geschirr vor Rathaus

schaufeln „Licht" in Säcke, Kübel, Tüten

tragen Behälter ins Rathaus

kein Ergebnis, Rathaus dunkel
Trost im Wirtshaus

110

→ L

Verfahre ebenso mit der folgenden Geschichte des Freiherrn von Münchhausen:

Der Ritt auf der Kanonenkugel

Zu gern hätte ich einen Blick in die feindliche und von uns belagerte Festung geworfen. Aber es war nicht leicht, den einfachsten und kürzesten Weg zu entdecken.
Da wurde neben mir unsere größte Kanone geladen. Die Kugel lag schon im Rohr und das Pulver auf dem Zündloch. Schon hob der Kanonier die glimmende Lunte, da stellte ich mich neben die Mündung, aus der im nächsten Augenblick die Kugel heraussausen musste. Richtig, das Pulver zischte auf, etwas Schwarzes sauste heraus, und ich sprang im Hui auf die abgefeuerte Kugel, ritt mit ihr im hohen Bogen gegen die feindliche Festung.
Doch unterwegs kamen mir einige Bedenken. „Hinein kommst du wohl", sagte ich mir, „aber wie kommst du wieder heraus? Man wird dich sogleich als einen Spion erkennen und an den nächsten Galgen hängen." Da bemerkte ich, wie im selben Augenblick eine Kanone auf unser Lager abgefeuert wurde. Die Mündung schaute gerade auf mich, und richtig, die Kugel, die mir entgegenkam, flog ganz nah an mir vorbei. Blitzschnell wandte ich mich um, sprang von meiner Kugel auf die andere hinüber und kam so wieder wohlbehalten in unserem Lager an.

111

Edith hat viele Bücher. Damit sie auch später noch weiß, welche Bücher sie wann gelesen hat und was ihr Inhalt ist, legt sie sich eine Liste an:

Lege dir auch eine solche Liste an, und trage mit ein bis zwei Sätzen ein, was der Inhalt des Buches ist!

Titel des Buches	Bemerkungen zum Inhalt	Ausgelesen am	Verfasser
Purzel, der Hampelmann	Ein Bildhauer schnitzt einen Hampelmann. Der wird lebendig und erlebt viele Abenteuer. Hat mir gut gefallen.	10. April 1995	Carlo Goldoni

112

Wenn du deine Freunde (Freundinnen) über die Inhalte der von dir gelesenen Bücher informieren willst, musst du sie mündlich vorstellen oder schriftlich besprechen.

Nebenstehend ein Beispiel:

Was in einer **Buchbesprechung** stehen soll:

- der Titel des Buches,
- der Verfasser,
- eine kurze Inhaltsangabe,
- wie das Buch geschrieben ist (spannend, humorvoll, belehrend ...),
- Angaben zur Aufmachung des Buches (Bilder, Druck, Einband),
- ob und wem das Buch empfohlen werden kann (deine persönliche Meinung über das Buch).

Ich habe gelesen:
Sagen aus Wien, für die Jugend erzählt von Clemens Zens.
Das Buch enthält viele spannend erzählte Sagen aus dem alten Wien. Besonders gut gefallen hat mir die Sage vom Basilisken. Aber auch alle anderen Sagen habe ich mit Vergnügen gelesen. Das Buch ist mit vielen Federzeichnungen illustriert. Dadurch kann sich der Leser gut vorstellen, wie es im alten Wien ausgesehen hat.
Ich kann euch das Buch sehr empfehlen.

Besprich auf ähnliche Weise dein Lieblingsbuch!

Vorgänge und Sachverhalte beschreiben

113 → *L*

Schaue dir die Bilder genau an und ergänze dann im folgenden Text die fehlenden Wörter:

Vom Baum zum Schaukelpferd

Der Förster __________ durch den Wald. Er __________________ die Bäume, die gefällt werden sollen. Die Holzarbeiter ______________ die Bäume. Der Lastkraftwagen ______________ die Stämme zur Säge. Hier werden die Stämme zu Brettern ____________________. Das Holz wird zum Tischler ______________. Der Tischler __________________ es, ______________ es und _________ aus dem Holz ein Schaukelpferd. Die fertigen Schaukelpferde werden ________________ und in die Spielzeughandlung ________________. Sie werden im Schaufenster __________________.

- Wenn du einen Vorgang beschreiben willst, musst du
- überlegen, welchem **Zweck** der Text dient,
- den **Ablauf** genau kennen und in der richtigen Reihenfolge darstellen,
- die genannten Dinge und Tätigkeiten beim richtigen **Namen** nennen.

114

Viele Leute lesen in ihrer Freizeit Bücher: Romane, Erzählungen, Gedichte, Dramen, Fachbücher. Dabei wollen sie sich unterhalten oder informieren. Wenn sie ein Buch nicht kaufen, aber doch lesen wollen, so entlehnen sie es in einer Leihbücherei.

Hast du dir schon einmal überlegt, wie ein Buch entsteht? Auf den folgenden Bildern kannst du die Entstehung eines Buches verfolgen. Ordne diese Geschichte, indem du die Sätze richtig nummerierst!

Ergänze die Sätze und verfasse anschließend einen zusammenhängenden Text darüber, wie ein Buch entsteht!
Beginne deine Sätze jedoch nicht immer mit „Dann …“, sondern auch mit „Hernach …“, „Daraufhin …“, „Wenn das geschehen ist …“, „Im Anschluss daran …“, „Später …“, „In der Folge …“, „Schließlich …“, „Zuletzt …“!

Schreib den Vorgang der Reihe nach auf!

1. Der Schriftsteller (Autor) verfasst ein Manuskript.
2. Der Verleger sieht das Manuskript durch und bezahlt die Herstellung des Buches.
3. Die Illustratorin …
4. Der Drucker …
5. Der Buchbinder …
6. Die Werbung …
7. Die Buchhändlerin …
8. Die Leute …

115

Zum Geburtstag hat Uli viele Freunde eingeladen. Sie will ihnen ein Zauberkunststück vorführen. In einem Spielbuch findet sie die **Beschreibung des Vorganges**:

Springender Pfeffer

Streue grobkörniges Salz auf den Tisch und mische etwas gemahlenen Pfeffer dazu! Wie kann man beides voneinander trennen? Reibe einen Eierlöffel aus Kunststoff mit einem Wolltuch und halte ihn über die Mischung! Der Pfeffer springt zum Löffel hoch und bleibt an ihm haften. Durch die Reibung wird der Kunststofflöffel nämlich elektrisch aufgeladen und zieht die Mischung an. Hältst du den Löffel nicht zu niedrig, springt der Pfeffer, weil er leichter als Salz ist, zuerst hoch.

Notiere dir den Ablauf des Vorganges in Stichworten und führe dann das Kunststück aus! Ergänze deine Notizen durch die Beobachtungen, die du bei der Durchführung gemacht hast! Vielleicht kennst du ein anderes Zauberkunststück. Schreib seinen Vorgang auf!

116

Erika hat von ihrer Großmutter zum Geburtstag eine neue Füllfeder bekommen.

Nun ist die erste Patrone aufgebraucht und Erika muss den Halter neu füllen. Sie nimmt die Gebrauchsanleitung, legt sie neben die Patronenschachtel und liest Zeile für Zeile durch. Dann führt sie die Handgriffe genau in der Reihenfolge, wie sie notiert sind, aus:

1. Aufschrauben;
2. leere Patrone herausnehmen;
3. Reservepatrone aus der Schachtel schütteln;
4. Reservepatrone in den vorderen Teil des Halters mit der Öffnung voraus fest hineindrücken;
5. den hinteren Teil des Halters auf den vorderen aufschrauben;
6. Schreibprobe.

Beschreibe nach diesen stichwortartigen Notizen den Vorgang nun zusammenhängend!

117

Nicht alle Leute haben ein Telefon zu Hause. Damit jeder telefonieren kann, gibt es öffentliche Fernsprechautomaten.

Schreibe anhand der nachstehenden Zeichnungen eine zusammenhängende Anweisung, wie man den Automaten bedient! Du musst die Zeichnung aber vorerst in die richtige Reihenfolge bringen (nummerieren).

118

Beschreibe für die Schülerzeitung, wie Brot hergestellt wird! Die Bilder zeigen den Vorgang. Schreibe zu jedem Bild einen einfachen Satz!

Die folgenden Wörter kannst du dabei verwenden: Bauer, säen, Pflug, pflügen, mähen, Mähdrescher, dreschen, Traktor, Egge, eggen, Lieferwagen, Mühle, Müller, Kraftfahrer, Anhänger, mahlen, führen, reifen, einfüllen, liefern, Kaufmann, Mutter, kneten, backen, Bäcker, essen …

119

Matthias hat ein Kaninchen geschenkt bekommen. Nun will er einen Stall bauen. In einem Bastelbuch findet er eine **Anleitung** für den Bau eines Kaninchenstalles.

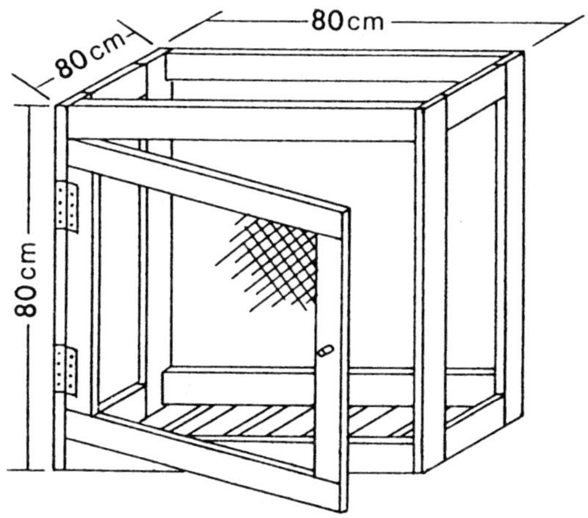

Folgendes **Material** ist notwendig:
Holzlatten, 2–3 cm dick
Bretter, Dachpappe
Maschendraht für die Tür
2 Scharniere
1 Riegel
Nägel und Schrauben

Und dieses **Werkzeug** braucht er:
Zollstock
Säge
Hammer
Schraubenzieher
Blechschere
Bohrer

*Verfasse eine **Bauanleitung**! Verwende dabei die nachstehenden Zeitwörter!*

anpassen, anschrauben, einsetzen, festmachen, festnageln, hineinschieben, nachmessen, sägen, überprüfen, zurechtschneiden, zusammennageln …

Beginne etwa so:

Holzleisten auf passende Länge sägen. Aus den Leisten das Gerüst nageln …

120 → *L*

Mathilde hat im Wald Brombeeren gesammelt. Kaum ist sie zurück, klingeln ihre Freundinnen. „Wartet in meinem Zimmer“, sagt Mathilde zu ihnen, „ich mach’ euch eine feine Süßspeise.“

Sie wiegt 15 dag Brombeeren ab. Dann zerdrückt sie die Beeren mit einer Gabel auf einem Teller und schüttet 10 dag Zucker darüber. Das Fruchtmus verteilt sie auf fünf Glasschüsselchen. Dann schlägt sie einen halben Becher Schlagobers steif. Nun gibt sie 25 dag Topfen, 5 Esslöffel Milch und 5 dag Zucker in eine Schüssel und verrührt alles gut miteinander. Darunter mischt sie langsam das steif geschlagene Obers. Diese Creme verteilt sie auf das Obst.

Die Freundinnen sind begeistert. Sie wollen das **Rezept** der Süßspeise haben. Mathilde schreibt es in Stichworten auf einen Zettel, zuerst die Zutaten, dann die Zubereitung.

Wie könnte der Text lauten? Verfasse nach den obigen Angaben ein solches Rezept!

121

Erkundige dich bei deiner Mutter oder deinem Vater, wie dein Lieblingsgericht zubereitet wird! Schreibe das Rezept in Stichworten auf! Verwende die Zeitwörter schneiden, schälen, leeren, verrühren, auspressen, ausdrücken, zerkleinern, vermischen, braten, backen, kochen …!

122

Notiere, was du in der kommenden Woche zu essen wünschst! Überreiche den Zettel dann deiner Mutter/deinem Vater!

123 → L

Auch **Spielregeln** sind Vorgangsbeschreibungen. Ein Schüler der 4. Klasse hat für das Schulschlussfest folgenden Entwurf einer Spielregel verfasst:

Überraschungsball
Dabei muss man unheimlich aufpassen, denn der Ball taucht plötzlich auf. Der Ball wird über eine gespannte Schnur geworfen. Über die Leine sind aber Betttücher gehängt, sodass man nicht sehen kann, wer wirft. Man sieht meistens erst viel zu spät, wohin der Ball geworfen wird. Bei 21 Punkten ist das Spiel aus. Man kann dabei auch täuschen. Denn man kann unten noch die Füße der anderen Spieler beobachten.

Was ist bei dieser Spielregel ungenau oder gar nicht geklärt? Schreib zu diesem Spiel eine neue Spielanleitung! Beantworte darin auch die folgenden Fragen:

- ○ *Wie viele Spieler sollen sich ungefähr in einer Mannschaft befinden?*
- ○ *Wie hoch soll die Leine gespannt sein?*
- ○ *Was zählt als Fehler?*
- ○ *Wann ist das Spiel zu Ende?*

?

Prüfe, ob die Spielanleitung verständlich ist, indem du sie deinen Freunden vorliest und das Spiel dann durchführst!

124

*Schreib die **Regeln** eines Spieles auf, das du gut kennst!*

Personen, Tiere
Gegenstände beschreiben

125

Marlis (4. Klasse) hat vor, eine Mitschülerin in Form eines Rätsels zu beschreiben. Damit sie weiß, wie sie die **Eigenschaften des Menschen** benennen soll, sammelt sie vorher treffende Ausdrücke.

Gestalt:
groß, klein, untersetzt, dicklich, hager, mager, schlank, vollschlank, mittelgroß usw.

____

____

____

Gesicht/Gesichtsausdruck:
rund, voll, schmal, spitz, blass, frisch, leidend, gesund, freundlich, ernst, lächelnd usw.

____

____

____

Haare:
blond, braun, dunkel, schwarz, rot, hellblond, kastanienbraun, pechschwarz usw.

____

____

____

Augen/Blick:
braun, blau, grau, wasserhell, stechend, erstaunt, gütig, lächelnd, müde, verschlafen, finster, verträumt, verlegen, verständnislos, fröhlich, flehend, böse usw.

____

____

____

Charaktereigenschaften:
verlässlich, vergesslich, intelligent, klug, heiter, geduldig, schüchtern, herablassend, gescheit, folgsam, ungehorsam, böse, schwatzhaft, gefallsüchtig, zuvorkommend, schwerfällig, ordentlich, feige, mutig, begabt usw.

____

____

____

Kleidung:
modisch, nett, ungewaschen, zerrissen usw.

____

____

____

Ergänze die Listen!

126

Anschließend beschreibt Marlis eine Mitschülerin (einen Mitschüler), ohne ihren (seinen) Namen zu nennen.
*Verfasse auch du ein solches **Beschreibungsrätsel** und lass deine Mitschüler dann erraten, wer gemeint ist!*

Nachfolgend ein Beispiel:

Das Mädchen, das ich meine, ist 9 Jahre alt, etwa 1 m und 30 cm groß und schlank. Sie ist für ihr Alter sehr kräftig und eine gute Turnerin. Kurz geschnittene dunkelblonde Haare umrahmen ihr volles Gesicht. Ihre Augen sind braun, sie blickt zumeist fröhlich drein. Auf der Oberlippe hat sie ein kleines, dunkelbraunes Muttermal. In der Gemeinschaft schafft sie gerne an, doch sie ist sonst sehr gutmütig und verträglich. Nur mit ihrem älteren Bruder hat sie oft Streit. Sie ist klug, lernt gut und bekommt zumeist auch gute Noten.
Bekleidet ist sie meist mit einer Jeanshose und einem weißen Pullover. Wer ist gemeint?

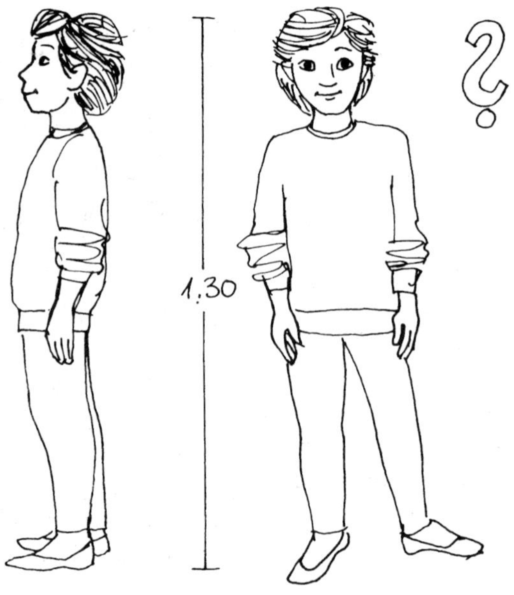

Wenn du **eine Person beschreiben** willst, musst du das Auffällige, Besondere nennen (Größe, Haarfarbe, Gesichtszüge, Kleidung), aber auch hervortretende Wesenszüge, Gewohnheiten, Liebhabereien.

127 → *L*

Wolfgang ist in der Nähe seines Wohnhauses ein junger Hund ohne Halsband zugelaufen. Er will den Besitzer des Hundes ausfindig machen und verfasst eine Anzeige, die er dann mehrmals kopiert und an verschiedenen Stellen in der Umgebung seines Wohnhauses befestigt.

Was könnte er schreiben?

128

Sascha hat einen jungen Kater. Er hört auf den Namen Peter. Er spielt immer im Garten des Einfamilienhauses. Wenn Sascha ihn ruft, kommt er immer.
Eines Tages ist der Kater verschwunden. Alles Rufen ist vergeblich. Weinend beklagt sich Sascha bei seinen Eltern. Sie raten ihm, eine genaue Beschreibung des Katers an der Tür des Gartens anzubringen.

Verfasse eine solche Beschreibung!

129

Beschreibe ein Tier, das du zu Hause hast! Gib auch an, was es frisst und welche besonderen Verhaltensweisen es hat!

130 → L

Katrin sucht seit gestern ihre **Schultasche.** Sie hat sie irgendwo in der Schule abgelegt. Wo, das weiß sie nicht mehr. Ihre Lehrerin rät ihr, die Schultasche auf einem Zettel genau zu beschreiben und den Zettel dann an der Anschlagtafel der Schule zu befestigen.

Versetze dich in die Lage von Katrin und beschreibe deine Schultasche samt Inhalt für den genannten Zweck!

Bei einer **Verlustanzeige** musst du angeben:

- die Art des Gegenstandes (Tieres),
- sein Aussehen (Größe, Farbe, Alter, Unterscheidungsmerkmale von anderen Gegenständen [Tieren] dieser Art),
- wo und wann der Gegenstand (das Tier) verloren wurde,
- bei wem und wo der Gegenstand (das Tier) abgegeben werden soll.
- Du kannst auch eine Belohnung in Aussicht stellen (der zehnte Teil des Wertes).

131 → L

Beschreibe in Rätselform einen Gegenstand *aus deiner Umgebung und lass deine Freunde oder Geschwister erraten, welcher Gegenstand gemeint ist!*

Kannst du erraten, welcher Gegenstand mit der folgenden Beschreibung gemeint ist?

Wir haben einen lustigen Gesellen in unserem Schulzimmer. Der ist ganz gierig auf Wasser. Immer möchte er trinken und baden. Wenn er das nicht kann, so wird er vor Ärger dürr und steif. Hat er aber Wasser, so trinkt er sich dick und voll. Dann darf man ihn nicht auf den Leib drücken, sonst macht er das Zimmer nass.
Weißt du, wer der spaßige Kerl ist?

132 → L

Die folgende **Rätselgeschichte** hat Inge (4. Klasse) verfasst:

Ich kenne in unserer Musikschule ein lustiges Ding. Es hat einen zierlichen Kopf mit vier schwarzen Ohren, einen langen, dünnen Hals, einen breiten Rumpf, aber keine Beine. Es liegt fast den ganzen Tag im weichen Bett und schläft. Aber zuweilen holt es der Lehrer heraus. Wenn er es streichelt, wird es sofort munter und singt die schönsten Lieder und Stücke. Wenn es schon lange gesungen hat, singt es manchmal falsch. Da dreht es der Lehrer an den schwarzen Ohren, und gleich macht es seine Sache besser.

Weißt du, was es ist?

134

Nun nimm an, du wärest ein Autoverkäufer und müsstest einem Kunden die Vorteile eines neuen Automodells erklären! Beschreibe es schriftlich! Beginne z. B. so:

Dieses Modell kann ich Ihnen besonders empfehlen. Es hat einen 90-PS-Motor, ist mit einer Servolenkung ausgestattet, verbraucht nur 7 Liter Benzin auf 100 km ...

135

Nimm an, das Auto deiner Eltern sei gestohlen worden! Beschreibe es mündlich und schriftlich für die Polizei!

133 → L

*Ein **Auto** besteht aus vielen Teilen, die alle besondere Namen haben. Schreibe die Namen der einzelnen Teile des Autos auf!*

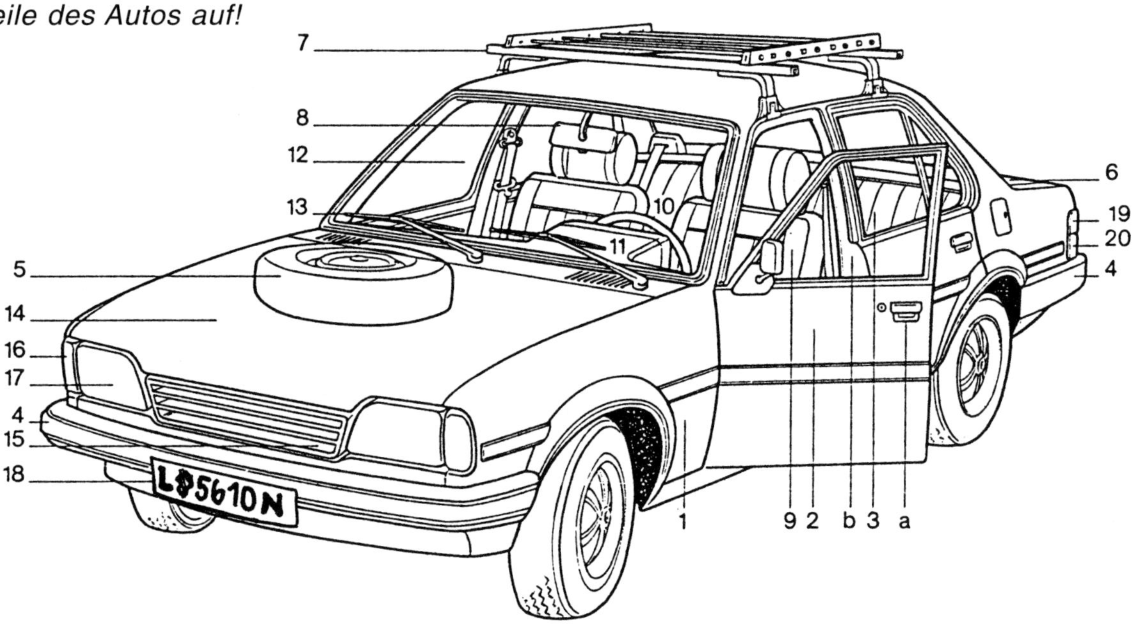

Eine Nachricht hinterlassen

136 → *L*

Erwins Eltern sind berufstätig. Wenn Erwin von der Schule nach Hause kommt, wärmt er sich allein das Essen und schreibt dann seine Hausübungen. Heute hat Erwin eben seine Aufgaben fertig, da läutet das Telefon. Es ist sein Freund Kurt. Er kennt sich bei den Rechenaufgaben nicht aus. Er bittet Erwin, zu ihm zu kommen und ihm zu helfen.
Erwin erklärt sich dazu bereit. Da er nicht möchte, dass sich seine Eltern um ihn Sorgen machen, schreibt er auf einen Zettel, wo er hingegangen ist und wann er voraussichtlich zurückkommen wird.

Wie könnte die Nachricht lauten?

137

Lotte hat ihre Freundin Herta zu Hause nicht angetroffen. Sie hinterlässt ihr an der Wohnungstür einen Zettel. Auf ihm steht, wann sie da war und dass Herta bei ihr am Abend anrufen möge.

Verfasse einen solchen Text!

138

Eva hat mit ihrer Freundin Lucie vereinbart, dass diese sie am Nachmittag abholen solle. Gemeinsam wollen sie eine Veranstaltung besuchen. Als Lucie nicht rechtzeitig kommt, geht Eva allein voraus, hinterlässt aber ihrer Freundin einen kurzen Brief, in dem sie ihr den Weg zu dem Ort beschreibt, wo die Veranstaltung stattfinden soll.

Verfasse ein solches Schreiben!

139

Ulrich darf am Wochenende mit dem Zug zu seinen Großeltern fahren. Er freut sich schon sehr darauf. Da passiert etwas Dummes. Ihm fliegt der Ball in das offene Küchenfenster der Nachbarn. Als Ulrich zum Zug muss, sind seine Eltern noch nicht da. Er schreibt daher schnell einen Zettel und legt ihn auf den Tisch, damit ihn seine Eltern gleich finden.

Schreib diese Notiz!

Auch Zeichen informieren

140 → L

Wie du aus den folgenden Darstellungen ersehen kannst, informieren (unterrichten) auch Zeichen den Leser.

Begründe, warum solche Zeichen besonders auf Bahnhöfen, auf der Straße oder in öffentlichen Gebäuden zu finden sind!

141 → L

Schreib neben die Zeichen, was sie bedeuten!

142

Entwirf Bildzeichen für deine Schule! Z. B. für Bücherei, Turnsaal, Musikzimmer, Schulwart, Direktion.

Wie du mit Texten etwas bewirken kannst

Für etwas werben

143

→ *L*

Freudestrahlend verkündet Ernst seinen Freunden: „Jetzt bekomme ich bald ein neues Fahrrad!“ „Zum Geburtstag?“, fragt Walter. „Nein“, erwidert Ernst, „ich werde bei einem Preisausschreiben gewinnen.“

Dabei zieht er ein Flugblatt aus der Tasche und liest den Text des Flugblattes seinen Freunden vor:

Kinder wollen Häschen-Schokolade. Häschen-Schokolade schmeckt wundervoll!

Macht mit beim großen Häschen-Schokolade-
PREISAUSSCHREIBEN!

Ihr könnt fünf schnittige Mountainbikes gewinnen und viele Tafeln Häschen-Schokolade zum Fit-Bleiben! Denn Häschen-Schokolade gibt Kraft und Ausdauer. Und hier die **Preisfrage:** Wie oft steht der Name einer bekannten und beliebten Schokoladenmarke auf dieser Seite? Schreibt die Lösung auf eine Postkarte und sendet sie mit eurem genauen Absender an die Firma Häschen-Schokolade (Adresse am Schluss der Anzeige), Kennwort „Preisausschreiben“! Vergesst nicht anzugeben, wie alt ihr seid! Einsendeschluss ist der 15. Februar 19... Wenn mehr richtige Lösungen eingehen, als Preise zur Verfügung stehen, entscheidet das Los. Und nun ans Suchen! Lest die ganze Seite! Wenn ihr eine Tafel Häschen-Schokolade esst, findet ihr die Lösung schneller.

Häschen-Schokolade gibt es überall

Schreibe in Stichworten auf, was man beachten muss, wenn man sich an dem Preisausschreiben beteiligen will!

144 → L

Versuche die Lösung des Preisausschreibens auf Seite 89 so kurz wie möglich aufzuschreiben!

145 → L

*Entwirf ein **Werbeplakat** für die Häschen-Schokolade! Zeichne als Blickfang ein Kind, das vergnügt an einer Schokoladenrippe lutscht, und ergänze die Zeichnung durch einen kurzen Text, der die Eigenschaften der Häschen-Schokolade nennt!*

146

In Werbesprüchen stecken oft zusammengesetzte Namenwörter:

*Verfasse eine **Werbeanzeige** für die Firma „Woll-König"! Verwende dabei die Ausdrücke „schäfchenweiche Wolle", „hautfreundlich", „kuschelweiche Pullover", „naturfrische Farben", „streichelzarte Wollsträhnen"!*

Nachstehend ein Beispiel einer Schülerin:

Roboter zu verkaufen

Ein Super-Roboter für nur 1500 Schilling! Er kann Ihnen bei der Arbeit helfen. Er kann Schuhe putzen, Staub saugen, Staub wischen, Holz hacken, Kuchen backen, kochen, er kann aber auch Häuser bauen.
Professor Neunmalklug hat für jeden den für ihn passenden Roboter.
Ein einmaliges Angebot! Erhältlich nur bei Professor Neunmalklug in Schlaraffia.

147

Inge will ihre Schlittschuhe verkaufen. Sie braucht größere. Auf einer Anschlagtafel in der Schule darf sie zu diesem Zweck eine kleine Anzeige anbringen.
Mit großer, deutlicher Schrift schreibt sie:

Verkaufe
gut erhaltene Schlittschuhe,
Größe 37,
zum Preis von 200 Schilling.
Auskünfte bei Inge Rechberger,
Kirchenplatz 3, Tel. 39 18 11.

*Verfasse eine ähnliche **Verkaufsanzeige** für einen Schianzug! Notiere dir vorher in Stichworten, welche Merkmale der Schianzug hat!*

148

*Verfasse eine **Verkaufsanzeige** für ein Kinderspielzeug! Nenne alle Vorzüge des Spielzeugs!*

149

*Verfasse für eine Anschlagtafel eine **Tauschanzeige!** Z. B.:*

Laubfrosch gegen Zierfische

Wasserball gegen Schnorchelmaske

Tretauto gegen Kinderfahrrad

Etwas ankündigen / Jemanden einladen

150 → L

Die Schüler und Schülerinnen der 4 a wollen in der Faschingszeit ein Theaterspiel aufführen. Isolde hat dabei die Aufgabe übernommen, die **Einladungen** zu entwerfen.

Sie überlegt,

- ○ wen sie einladen soll (Eltern, Lehrer, Mitschüler ...),
- ○ wie sie die Einladungen gestalten soll (als Plakat, Flugblatt, Brief),
- ○ was sie auf die Einladungen schreiben soll (Anrede, Art der Veranstaltung, Titel des Stückes, Zeit und Ort der Veranstaltung, Spesenersatz durch Spenden).

Versetze dich in die Lage Isoldes und verfasse ein ***Einladungsschreiben*** *an die Eltern!*

Für ein **Plakat** hat sich Isolde folgenden Text ausgedacht:

Theaterfreunde! Kinderfreunde!

Kommt zur großen
Faschingsveranstaltung der 4 a!

Aufgeführt wird
DER LÖWE IM PARADIES,
ein heiteres Stück,
das die Schüler selbst verfasst haben.

Ort der Veranstaltung:
Volksschule, Festsaal

Zeit:
19. Februar 19.., 18.30 Uhr

Eintritt frei

Spenden zur Spesenabdeckung
erbeten

151

Verfasse ein ***Flugblatt****, mit welchem du zum Besuch der Zeichenausstellung oder eines sportlichen Wettkampfes einlädst!*

152

Edith möchte ihre Freundinnen anlässlich ihres Geburtstages einladen.
Sie bedient sich dabei der nachstehenden vorgedruckten **Einladungskarten.**

Fülle sie aus!

153 → L

Rosi möchte ebenfalls ihre Freundinnen zu ihrer Geburtstagsfeier einladen, aber die Einladungen persönlicher gestalten. Sie verfasst einen Brief.

Was könnte sie schreiben?

Lieb ____________________

Ich möchte dich ____________________

zu ____________________

am ____________________

um ____________________

herzlich einladen.

Liebe Grüße ____________________

Wenn du kommst, schreib mir bitte oder rufe mich an!

Meine Telefonnummer lautet: ____________________

154 → L

Liselotte muss an dem Tag, für den sie Rosi eingeladen hat, zum Zahnarzt. Sie bedankt sich daher schriftlich für die Einladung und bittet, ihr Fernbleiben zu entschuldigen.

Wie könnte der Brief Liselottes lauten? Verfasse einen solchen Text!

155

Nimm an, du wurdest von einem Brieffreund für die Ferien ins Ausland eingeladen!
Für den gleichen Zeitraum haben aber deine Eltern schon eine Ferienreise gebucht.

Entschuldige dich daher, dass du der Einladung nicht folgen kannst!

Stellung nehmen / Sich beschweren

156

Die Klassenlehrerin der 4 c hat die Schüler aufgefordert, schriftlich Vorschläge für die Ziele und die Gestaltung des kommenden Wandertages zu machen. Sie selbst schlägt vor, eine Wanderung in den Lainzer Tiergarten zu machen, ein eingefriedetes Naturschutzgebiet, in dem es Wildtiere gibt.
Elfi, die mit ihren Eltern schon wiederholt im Lainzer Tiergarten war, ist mit diesem Vorschlag nicht einverstanden und möchte lieber einen Ausflug ins Gebirge unternehmen, z. B. auf die Rax oder auf den Schneeberg. Andere Schüler wollen lieber einen Badeausflug als eine Wanderung machen.

Mit welchen Worten könnten die Schüler ihren Vorschlag der Lehrerin gegenüber begründen und zum Vorschlag der Lehrerin Stellung nehmen?
Verfasse ein solches Schreiben!

157

Es geht um die **Wanderausrüstung.** In einem Jugendlexikon findet Kurt diese Liste:

Rucksack
Schlafsack und Wolldecke
Regenschutz
Turnschuhe
feste Wanderschuhe
Kopfbedeckung
Feldflasche
Messer
Becher
Essgeschirr
Essbesteck
Hemden
Ersatzstrümpfe
Kamm
Zahnbürste
Zahnpasta
Seife
Handtuch
Taschentücher
Wollweste
Taschenlampe
Schuhputzzeug
Hautcreme
Sicherheitsnadeln
Landkarte
Wanderapotheke
______
______
______

Lies die Liste durch! Stelle daraus die Ausrüstung zusammen, die ihr bei eurer eintägigen Wanderung braucht! Was fehlt in der Liste deiner Meinung nach? Ergänze sie schriftlich! Begründe, warum man gewisse Ausrüstungsgegenstände unbedingt mitnehmen sollte!
Schreib so: Einen Regenschutz braucht man, denn …

158 → *L*

Herr Dorner, der Vater von Lisl, ist nicht einverstanden, dass die Schüler erst um 20.30 Uhr von ihrem Ausflug heimkehren. Er nimmt daher zu der Benachrichtigung schriftlich Stellung. Die Familie Dorner wohnt nämlich auswärts, und Lisl erreicht unter diesen Umständen nicht mehr den öffentlichen Autobus, der sie nach Hause bringen könnte.

Wie könnte das Schreiben von Lisls Vater lauten?

159

Fülle die nachfolgende Benachrichtigung der Eltern über den vorgesehenen Wandertag aus!

Unser nächster .... ist am ....

Treffpunkt: ....

Wir fahren ab um: .... Wir wandern los um: ....

Wir kommen voraussichtlich zurück um: ....

Wir benützen folgende Verkehrsmittel: ....

....

Wir fahren von unserer Schule bis ....

Wanderweg: ....

....

Unser Ziel: ....

Wir rasten ....

Wir sollen mitnehmen: ....

....

Kosten: ....

Bei unsicherem Wetter: ....

Weitere Notizen: ....

....

....

Unterschrift des Erziehungsberechtigten:

....

160

Fritz spielt am liebsten mit Spielzeugautos. Von seinen Großeltern hat er zum Geburtstag einen 1000-Schilling-Schein bekommen. Er darf sich um dieses Geld kaufen, was er gern haben möchte. Fritz kauft sich ein ferngesteuertes Spielzeugauto. Als er den Kauf abgeschlossen hat, bezahlt er mit der großen Banknote. Dabei achtet er gar nicht darauf, wie viel er herausbekommen hat. Erst zu Hause merkt er, dass ihm die Verkäuferin um 100 Schilling zu viel herausgegeben hat. Fritz freut sich, denn jetzt braucht er nur wenig dazuzugeben und kann sich ein zweites Spielzeugauto kaufen.
Seine Mutter verlangt jedoch, dass er das Geld zurückbringt. Auch die Großeltern sind dieser Meinung. Fritz will aber nicht. Auch in der Schule hat er von dem Irrtum der Verkäuferin erzählt. Der Lehrer spricht mit der Klasse darüber. Die Kinder sind verschiedener Meinung.

Welcher Meinung bist du? Begründe deine Meinung und schreib sie auf!

161 → L

Bestimmt hast du schon einmal zu viele Hausaufgaben bekommen und warst damit nicht einverstanden.

Muss es überhaupt Hausübungen geben? Notiere, was dafür und was dagegen spricht! Dann schreib deine persönliche Meinung zusammenhängend auf!

162 → L

Petras Vater hat vor kurzem den folgenden Beschwerdebrief erhalten.

Sehr geehrter Herr Helmer!

Es ist mir sehr peinlich, Sie mit diesem Brief zu belästigen, aber Sie werden sicherlich Verständnis für meine Bitte haben.
Mein anstrengender Nachtdienst und mein geschwächter Gesundheitszustand zwingen mich dazu, tagsüber zu schlafen. Auf diese Erholung muss ich nun schon einige Zeit verzichten, denn Ihre Kinder und deren Spielkameraden lärmen im Hof so laut, dass ich nicht einmal bei geschlossenem Fenster schlafen kann.
Ich gönne den Kindern herzlich gerne ihr Vergnügen und verstehe auch, dass sie die Umwelt vergessen, wenn sie in ihr Spiel vertieft sind. Da die Kinder auf meine Ermahnungen leider nicht hören, möchte ich Sie bitten, die spielende Schar anzuhalten, am Nachmittag weniger geräuschvolle Spiele zu wählen.

Vielen Dank im Voraus

Ihr Hans Müller

Versuche ein höfliches Antwortschreiben abzufassen!

163

Vielleicht gibt es in deiner Klasse, in deiner Schule etwas, worüber du dich ärgerst und beschweren möchtest.
An wen müsstest du dich wenden, damit Abhilfe geschaffen wird? Wie müsste man ein solches Schreiben abfassen?

Vielleicht gibt es in deiner Schule einen Beschwerdebriefkasten. In diesen könntest du deinen **Beschwerdebrief** einwerfen.

Anfragen / Um etwas ansuchen / Für etwas danken

164 → L

Im Keller des Hauses, in dem Gerhard wohnt, steht ein Kinderfahrrad. Es gehört Frau Wollein. Sie hat einen Sohn, der jetzt 18 Jahre alt ist. Er benützt das Kinderfahrrad bestimmt nicht mehr. Da Gerhard kein Fahrrad hat, möchte er sich das Rad gern ausborgen. Doch immer wenn er an der Tür von Frau Wollein klopft, öffnet niemand. Da beschließt Gerhard, Frau Wollein zu schreiben und sie zu bitten, ihm das Fahrrad leihweise zu überlassen.

Wie könnte die Anfrage lauten? Verfasse sie!

165

Werner liest gern Abenteuerbücher. Seine eigenen hat er schon alle ausgelesen. Da kommt er auf die Idee, in der Klasse an die Anschlagtafel eine Anfrage zu heften, ob ihm andere Schüler Bücher, die sie schon gelesen haben, für einige Tage leihen könnten.

Verfasse eine solche Anfrage!

166 → L

Die Schüler der Volksschule in Grub wollen zum Schuljahresende ein Sportfest veranstalten. Der Schule steht aber kein geeigneter Platz zur Verfügung. Neben der Schule befindet sich jedoch eine große Wiese, die dem Bürgermeister, der Bauer ist, gehört. Die Schüler beschließen daher, an den Bürgermeister einen Brief zu schreiben und ihn zu bitten, ihnen für das Sportfest die Wiese zur Verfügung zu stellen.

Verfasse einen solchen Brief!
Verfasse auch einen Antwortbrief auf das Ansuchen der Volksschüler!

167

Patrick, er besucht die 3. Klasse, schickte seiner Großmutter das folgende **Dankschreiben:**

Liebe Großmutti,

vielen Dank, dass du mir meinen größten Wunsch erfüllt hast. Ich freue mich riesig über das Meerschweinchen. Ich werde es auch immer gut füttern und pflegen. Nun bin ich nicht mehr so allein und kann für das Tier sorgen. Ich habe das Meerschweinchen Martina genannt. Es ist sehr lieb und frisst mir schon aus der Hand.

Nochmals herzlichen Dank und viele Grüße
dein Patrick

Lies dir nochmals Patricks Dankschreiben durch! Wie hat wohl sein Wunschbrief ausgesehen? Verfasse einen solchen Brief!

Briefe und Karten verlangen eine eigene Form

168

Hubert hat am 15. April Geburtstag. Er darf seine Freunde einladen. Die Geburtstagsfeier soll von 15 bis 18 Uhr dauern.
Hubert findet es unpersönlich, eine gekaufte Einladung mit einem vorgedruckten Text zu verwenden.
Er schreibt die Einladung lieber mit der Hand auf ein Blatt Papier und steckt dieses dann in einen Briefumschlag.

Verfasse einen solchen Text! Du kannst die Einladung auch mit kleinen Zeichnungen schmücken.

169

Verfasse auch ein ablehnendes oder ein zustimmendes Antwortschreiben!

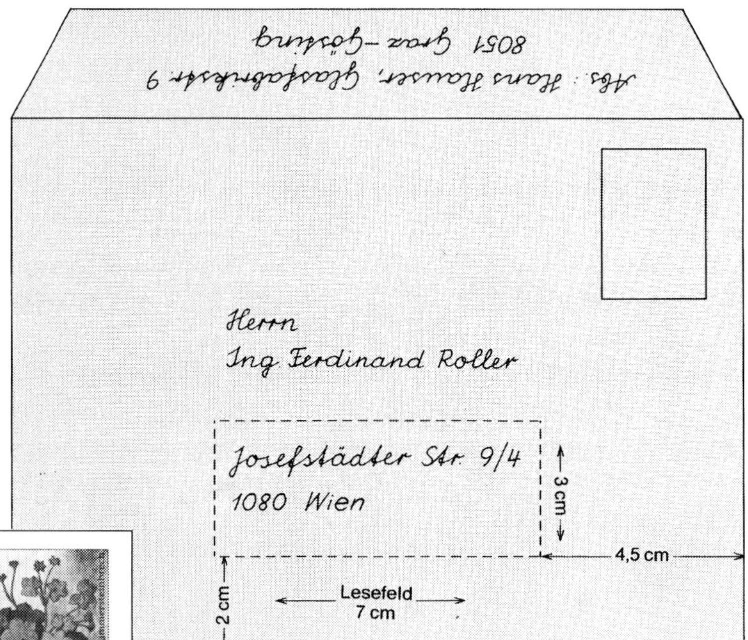

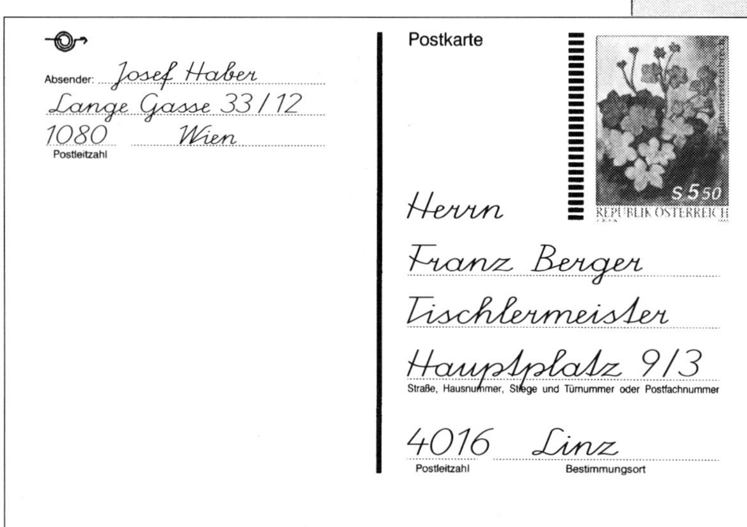

170

Bei **Briefen** und **Postkarten** ist auch die **Form** sehr wichtig. An dem gezeigten Beispiel kannst du ersehen, wie die **Anschrift auf einem Briefumschlag** bzw. einer Karte angeordnet werden muss:

Schreib deine eigene Anschrift auf einen Briefumschlag und auf eine Postkarte!

171

Karins Kusine Elfi hat in wenigen Tagen Geburtstag. Karin findet darüber in ihrem Vormerkkalender eine Notiz und will Elfi gratulieren.

*Wie könnte der Text einer **Glückwunschkarte** lauten? Wie müsste sie in einem **Brief** ihre Glückwünsche formulieren?*

172

In Briefen und auf Karten müssen **Anrede- und Schlusswendungen** der Überlieferung entsprechen, sonst könnte der Empfänger beleidigt sein.

An nahe Bekannte, Verwandte oder an Freunde schreibe:

Lieber Hans!
Liebe Erika!
Lieber Onkel, liebe Tante!
Lieber Herr Kästner!

An fern stehende Personen schreibe:

Sehr geehrte Frau Berger!
Sehr geehrter Herr Professor!
Sehr geehrte Frau Doktor!
Sehr geehrter Herr Müller!

„Werter Herr!“ oder „Geehrte Frau ...!“ gelten als unhöflich.

*Auch **Briefschlüsse** sollen der Überlieferung entsprechen. Veraltete Phrasen sind jedoch zu vermeiden.*

Von Personen, die euch nahe stehen, könnt ihr euch mit folgenden Worten empfehlen:

Sei herzlich gegrüßt von deinem ...
Viele herzliche Grüße dein ...
Mit herzlichen Grüßen Ihr ...

Von fern Stehenden empfehlen sich Erwachsene mit den Worten:

Mit den besten Wünschen ...
Mit den besten Empfehlungen ...
Mit freundlichen Grüßen ...
Mit höflichem Gruß ...

173

In Briefen und auf Karten müssen Fürwörter in der 3. Person Mehrzahl, mit denen der Empfänger angeredet wird, mit einem großen Anfangsbuchstaben geschrieben werden, Fürwörter in der 2. Person schreibt man klein:

du, deiner, dir, dich, dein, deine, deines, deinem, deinen, euch, eure, eurer, eurem, eures, euren, euer, Sie, Ihr, Ihre, Ihres, Ihrer, Ihrem, Ihren, Ihnen

174

Dieter Gruber
Langenberger Straße 3
1017 Wien — links Absender

Wien, am 3. März 19.. — rechts Ort und Datum

Liebe Tante Margot! — Anrede

Meine Eltern haben mir erlaubt, dass ich während der Ferien zu dir komme. Bitte schreibe mir doch, wann es dir am besten passt. Wir haben die ganze Woche vor Ostern frei.
Hoffentlich bleibt das Wetter so schön, damit wir wieder auf die Alm gehen können. Mich interessiert auch das Salzbergwerk in Hallstatt sehr, weil unser Lehrer schon viel von der Salzgewinnung erzählt hat. — Briefinhalt

Viele liebe Grüße — Schlusswendung, Grüße
dein Dieter — Unterschrift

Jeder **Brief** hat eine bestimmte **Form.** Hier ist ein Beispiel, wie man ihn übersichtlich schreiben kann:

rechts Ort und Datum
links Absender
Anrede
Briefinhalt
Schlusswendung, Grüße
Unterschrift

Entwirf einen Brief an deinen Freund in einem anderen Bundesland!

175

→ *L*

Ergänze in den folgenden Sätzen aus Briefen die Fürwörter der Anrede:

Ich sende ____________ liebe Grüße.

Ich lade ______ ein, uns zu besuchen.

Wann willst ________uns besuchen?

Richte auch ________________ Mutter einen freundlichen Gruß aus!

Ich lese aus __________________ Brief, dass ______ krank gewesen bist.

Lieber Herr Müller!

Ich danke ________, dass _______ mich eingeladen haben, ein Wochenende mit _________ Sohn Max zu verbringen.

Ich hoffe, ______ haben nichts dagegen, dass ich auch meinen Bruder Franz mitnehme.

Wir freuen uns schon sehr auf die Tage bei _________! Richten _______ bitte auch __________ Gattin unsere Grüße aus!

176

Richard schreibt seinen Eltern eine **Ansichtskarte** von einem Schulausflug.

Zu manchen Festtagen und zu Familienfeiertagen übermitteln wir durch die Post unsere Glückwünsche, wir schreiben **Glückwunschkarten.**

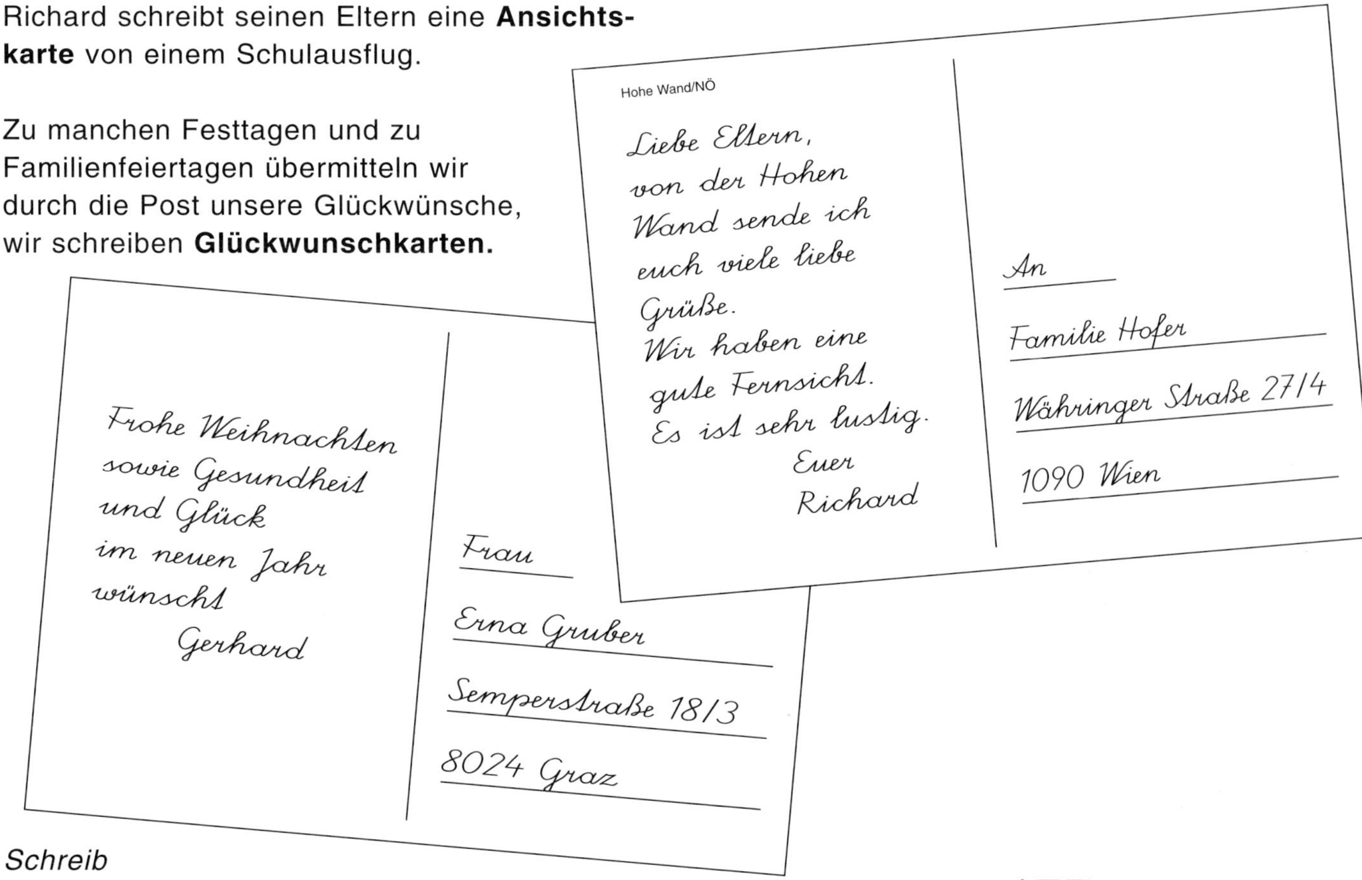

Schreib
Glückwunschkarten zu folgenden Anlässen:

- ○ zum Geburtstag eurer Tante,
- ○ zum Namenstag deiner Schwester,
- ○ zum Jahreswechsel.

Mit **Kartengrüßen** will der Schreiber dem Empfänger seine Verbundenheit ausdrücken und mitteilen, dass er sich an einem bestimmten Ort befindet. Wegen des geringen Platzes sind Kartengrüße möglichst kurz zu fassen.

177

Redewendungen aus Briefen:

Wir sind aufs **T**iefste erschüttert.
Ich grüße dich aufs **H**erzlichste.
Ich bitte dich aufs **N**eue, mir zu verzeihen.
Im **G**roßen und **G**anzen stimme ich dir zu.
Ich bin nicht im **G**eringsten verärgert.
Vor **k**urzem bekam ich die Nachricht, dass …
Fürs **E**rste werde ich …
Von **n**euem …
Ich bin aufs **H**öchste erstaunt …

Schreib die Redewendungen ab und wende sie gelegentlich in Briefen an!

Auch für dich selber kannst du schreiben

Sich etwas notieren

178

Katrin **notiert** sich in der Schule immer in einem eigenen Heft, welche Hausübungen sie am Nachmittag ausführen muss:

17. Jänner: Rechenaufgabe:
Mathematikbuch S. 57/3
Aufsatz (bis übermorgen):
Ein lustiges Erlebnis
Rechtschreiben:
Sprachbuch S. 62 / 16, 17
Musik: Liedtext S. 58 lernen

Notiere dir ebenfalls in einem Heft oder auf einem Blatt deine täglichen Aufgaben!

179

Seitdem Hans beim Einkaufen die Hälfte vergessen hat, notiert er sich immer auf einem Einkaufszettel, was er bringen soll.

Ordne die einzukaufenden Dinge und die Besorgungen nach Geschäften und Orten!

Zeitung
1 kg Brot
Hustensaft
1 Kopfsalat
20 dag Salami
5 6S - Marken
2 kg weißes Mehl
Einschreibbrief aufgeben

Schreib ebenfalls einen Einkaufszettel, wenn du Besorgungen machst!

180

Erni notiert sich auf einem Zettel die **Adressen** und **Telefonnummern** ihrer Freundinnen.

Lege dir auch eine solche Liste an!

181

Werner erstellt sich jeden Morgen einen **Tagesplan,** damit er seine Zeit sinnvoll einteilt.

Trage deine Vorhaben in einer Spalte deines Kalenders ein!

182

Rosi hat sich eine **Vormerkliste** angelegt, in die sie einträgt, was sie ihren Eltern und Geschwistern zu verschiedenen Gelegenheiten schenken möchte.

	Zu welcher Gelegenheit	Was ich schenken möchte
Vati	zum Geburtstag am 6. Mai	das Buch „Österreichs Kunstschätze"

Fülle die Liste aus!

183

Christine studiert das Fernsehprogramm für die kommende Woche und notiert sich im Vormerkkalender, welche Sendungen sie ansehen möchte und um welche Zeit diese Sendungen ausgestrahlt werden.

Verfahre ebenso!

184

Konrad hat eine Idee. Er möchte mit seinen Mitschülern ein Klassenfest feiern. In Gedanken malt er sich aus, wie lustig das sein wird. Schon Wochen vorher notiert er sich ein **Programm,** wie das Fest ablaufen könnte, welche Spiele gespielt werden könnten und was sonst getrieben werden könnte.
Einige Tage später bespricht er dann seinen Plan mit seinen Freunden.

Entwirf auch du ein solches Programm!

ORF 1

6 6.00 Roseanne•408-155• 6.25 Mini-ZiB•343-43-068• 6.30 Mila Dreams•78-20-703• 6.35 Die Superstar•16-08-513• 7.00 Abenteuer der Bremer Stadtmusikanten•956-722• 7.25 Niklaas, ein Junge aus Flandern•51-43-451• 7.50 Captain Planet•17-96-722• 8.15 Die Schlümpfe•69-17-838• 8.25 Artefix – Ferienspiel•39-80-703• 8.35 Bugs Bunny•62-79-277• 9.05 Lachsalven•48-16-109• 9.10 Alf•95-42-451• 9.35 Knight Rider•29-84-426• 10.20 Superman•22-49- 11.10 Achterbahn (Wh.)•79- USA 1977

13

Alte Liebe macht blind
15.00 Raumschiff Enterprise – Das nächste Jahrhundert 25-529
Katastrophe auf der Enterprise
16.00 Baywatch – Die Rettungsschwimmer von Malibu 29-345
Das große Beben (1)
.00 XXO – Fritz & Co. 82-5
0 Deutschland port 13-4
Geh aufs Ganze! 20-
18:30 Glücksrad 42- 14-

PRO7

5.05 SAM
5.30 taff 5.55 Garfield und seine Freunde 6.20 Orson & Olivia 6.40 Beetlejuice 7.05 Taz-Mania 7.25 Dennis 7.50 Die Schlümpfe 8.15 Alle unter einem Dach 8.45

13.30 SAM
14.00 Arabella Kiesbauer
15.00 Unsere kleine Farm
Der Waschbär 43-971
16.00 Die Schlümpfe 44-48
16.30 Animaniacs 41-109
16.55 Popeye 20-11-426
17.00 Pink Panther 54-548
17.25 Alle unter einem Dach

13.00 Missis Jo und ihre fröhliche Familie
13.25 Die tollen Fußballstars (Wh.)
13.50 Die Schatzinsel
14.40 D'Artagnan und die drei Musketiere
15.05 Manu II
15.15 A. Tom

185

Edith hat sich auf einem Zettel notiert, wie sie den vorgesehenen Schulausflug organisieren will:

Ziel

Fahrgeld einsammeln

Eintrittskarten einsammeln

Ausrüstung

Verpflegung

Benachrichtigung der Eltern

____

____

____

____

____

____

Ergänze die Liste und besprich sie dann mit deinen Mitschülern!

186

In einer Woche geht die Reise los.
Vater sagt: „Ich habe noch gar keine Zeit, aber du, Robert, könntest für mich schon etwas erledigen. Du weißt, wir fahren nach Kärnten an den Keutschacher See. Schreibe mir zusammen, was wir noch vorher alles erledigen müssen!" Robert ist ratlos: „Das hab' ich noch nie gemacht." Aber Vater sagt: „Dann wird es aber Zeit, dass du das lernst!"

Ergänze die Listen, wie sie Robert anlegt, für deine ***eigenen*** *Verhältnisse!*

Zu Hause erledigen:
Wohnungsmiete zahlen
Postnachsendungsauftrag abgeben

____

____

____

____

____

In den Urlaub mitnehmen:

____

____

____

____

____

____

____

____

Bei der Ankunft in Keutschach erledigen:

____

____

____

____

____

____

Sich Wichtiges aus Texten herausschreiben

187

Die Schüler der 4 b erhielten von ihrem Lehrer die Aufgabe, sich über Wildtiere zu informieren und in der Schule darüber zu berichten.

Thomas hat in einem Tierbuch über den **Luchs** nachgelesen und sich aus dem Text Folgendes herausgeschrieben:

größte Raubkatze Europas – Einzelgänger – sehr kräftig – scharfe Krallen – Haarpinsel an den Ohren – glühende Augen – kurzer Schwanz – sehr schönes geflecktes Fell – fast ausgerottet – wichtig für Gleichge – wicht der Natur – frisst kleine Säugetiere und Vögel – ungefährlich für Mensch und Haustiere – Versuche, Luchs in Europa wieder heimisch zu machen, erfolgreich – lebt außerdem in Nordamerika und Asien

Nach diesem Notizzettel hält Thomas dann einen kurzen Vortrag über den Luchs.

Versuche es ebenfalls!

188 → L

Christine will über ihre Lieblingstiere, die Pinguine, berichten. In einem Lexikon findet sie den folgenden Artikel. Sie schreibt ihn vorerst ab und unterstreicht dann die wichtigsten Stellen. So:

Der Pinguin kann nicht fliegen, aber er ist der tüchtigste Schwimmer unter den Vögeln. Sein Federkleid liegt ganz eng an. Seine Vorderbeine sind keine Flügel, sondern kräftige Flossen. Seine Hinterbeine sind kurz und tragen zwischen den Zehen Schwimmhäute. Pinguine sind Fischfresser. Sie schwimmen und tauchen flink, legen aber auch an Land, watschelnd und rutschend, weite Strecken zurück, um zu ihren Brutplätzen zu kommen. Brandung, hoher Seegang, Kälte: all das stört den Pinguin nicht. Er schnellt sich aus dem Wasser heraus, um zu atmen, und er springt ein bis zwei Meter hoch auf eine Eisplatte oder an Land. Pinguine gibt es nur auf der südlichen Halbkugel der Erde. Die größten Arten leben in der Antarktis: der 80 cm große Königspinguin und der 1,20 m große Kaiserpinguin.

Unterstreiche auch im Rest des Textes die wichtigen Stellen! Dann schreibe dir das Wesentliche über den Pinguin heraus!

189 → L

Im Unterricht der 4 c wurde über den Maulwurf gesprochen. Paul wollte mehr darüber wissen. In einem Sachbuch fand er einen Text:

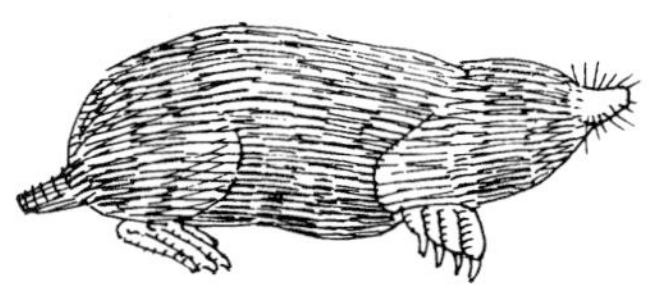

Es gibt kein Tier, das im Verhältnis zu seiner Körpergröße so viel fressen muss wie der Maulwurf. Täglich braucht er an Nahrung, was er selber wiegt. Er frisst Käfer, Würmer, Engerlinge und Mäuse. Sein ausgezeichneter Geruchssinn führt ihn sicher an die Beute. Dieser große Nahrungsbedarf ist erklärlich, denn er verbraucht bei seiner Wühlarbeit viel Kraft. Der Maulwurf hat einen walzenförmigen Körper und wird bis zu 14 cm lang. Der kegelförmige Kopf endet in einem kurzen Rüssel. Augen und Ohren sind der unterirdischen Lebensweise angepasst. Ohrmuscheln fehlen ganz, die Öffnungen sind verschließbar. Die Augen des Maulwurfs sind so klein wie Stecknadelköpfe. Sein schwarzes Fell ist so dicht, dass sich kein Sandkörnchen in den Pelz setzen kann. Der Maulwurf gräbt lange Gänge tief in das Erdreich. Dazu gebraucht er seine Vorderbeine, die wie Grabschaufeln geformt und seitwärts gerichtet sind. In lockerem Sandboden kann er sich damit so schnell durchwühlen, wie ein Mensch gehen kann. Die lockere Erde wirft er nach hinten und drückt sie ab und zu an die Erdoberfläche. Der Maulwurfsbau besteht aus einem System von Gängen, mehreren Wohngruben und einem Schacht, der bis zum Grundwasser führt. Da er nie ausreichend Nahrung findet, duldet er auch keine anderen Maulwürfe in seinem Revier. Sie werden angegriffen, nach hartem Kampf getötet und gefressen. Trotz seiner Nützlichkeit wird der Maulwurf vom Gartenbesitzer verfolgt, da er durch seine Wühlarbeit den Rasen zerstört und die Wurzeln der Gemüsepflanzen lockert, sodass sie verwelken.

Eitel-Friedrich Scholz

Gliedere *den Text in* ***Abschnitte!*** *Notiere dann* ***in Stichworten das Wichtigste*** *über den Maulwurf!*

190 → L

Unterstreiche *im folgenden Text die* ***wichtigsten Stellen,*** *damit du am folgenden Tag in der Schule über den Umweltschutz sprechen kannst!*

Warum Umweltschutz?

Umweltschutz wird von immer mehr Menschen als dringend notwendig angesehen. Das war leider nicht immer so. Die Gefahren, die das „moderne“ Leben mit sich bringt, sind lange Zeit unterschätzt worden.
Abfälle enthalten immer auch giftige Stoffe, die durch das Wasser eines Baches oder durch Regen ausgewaschen werden und ins Grundwasser geraten – das wir dann aus einer Quelle oder einem Brunnen trinken. In Bächen und Flüssen, in die oft auch schädliche Abwässer aus Werkstätten, Fabriken und Haushalten (Waschmittel!) fließen, sterben die Fische. Krankheitserreger geraten ins Wasser, das mit der Zeit zu stinken beginnt.
In den Abgasen aus Autos und Heizungen (auch im Tabakrauch) ist das giftige Kohlenmonoxyd. Wer zu viel davon erwischt, dem wird übel, er wird bewusstlos, kann daran auch sterben. In den Autoabgasen ist auch, als ganz feiner Staub, das giftige Blei; wir atmen es ein. Auch Rinder atmen das Blei ein und nehmen es mit dem Futter, das an der Straße wächst, zu sich; es gelangt dann in ihr Fleisch und ihre Milch. Die Luft in den Städten wird von Jahr zu Jahr reicher an Giftstoffen. Daher kommt es tatsächlich auf jeden einzelnen Baum an. Denn Bäume sind die wichtigsten Luftverbesserer.
Auch der Lärm ist heimtückisch. An Lärm kann man sich nicht gewöhnen. Lärm macht müde, nervös, gereizt, unaufmerksam, schlaflos. Lärm macht krank – auch wenn er nicht zu stören scheint. Jeder kann in seinem Bereich etwas zur Bewahrung einer gesunden Umwelt tun.

Ein Tagebuch führen

191

Elisabeth führt seit einiger Zeit ein **Tagebuch.** In dieses trägt sie jeden Abend ein, was sich

an dem Tag Besonderes ereignet hat. Dem Tagebuch vertraut sie aber auch ihre geheimen Gedanken, Wünsche, Gefühle an. Nur der besten Freundin liest sie gelegentlich Stellen aus dem Tagebuch vor.

Willst du nicht auch so ein Tagebuch führen? Ein dickes, liniertes Heft kann dir dazu dienen.

Beispiel:

17. Mai 19..

Heute war ich auf dem Sportplatz. Dort habe ich mit meinen Freunden Fußball gespielt. Wir haben 3:4 gewonnen. Die Buben haben geglaubt, ein Mädchen kann nicht Fußball spielen.

18. Mai

Lisl hat mir zum Geburtstag ein Buch geschenkt: „Die Abenteuer des Huckleberry Finn“. Ich habe es schon zu lesen begonnen.

192

Peter will wie seine Freunde ein Tagebuch führen. Im Gegensatz zu Elisabeth formuliert er seine Eintragungen jedoch nicht in vollständigen Sätzen, sondern in Stichworten: Du siehst, dass es verschiedene Möglichkeiten gibt, Eintragungen ins Tagebuch zu machen.

Versuche es auch!

8. August
Radtour mit Fritz nach Keutschach – Baden im See – Schwimmen schwierig, weil viele Wasserpflanzen.

Lösungen zu schwierigen Aufgaben

L4

Am Morgen um sieben Uhr stehe ich auf. Ich wasche mich. Auf dem Sessel liegen die Kleider. Die ziehe ich dann an. Die Mutter ruft. Das Frühstück ist schon gerichtet. Ich trinke den Kaffee und esse ein Butterbrot. Dann packe ich meine Schulsachen ein. Wenn ich fertig bin, gehe ich zur Schule.

L5

Gestern durfte auch meine kleine Schwester Gerlinde noch die Abendsendung im Fernsehen anschauen. Sonst muss sie immer zeitiger als ich zu Bett gehen.
Da hatte ich einen Einfall.
Kürzlich hatte ich die Nachbildung einer Blindschleiche von meinem Freund Walter geschenkt bekommen. Leise schlich ich mich aus dem Zimmer und legte meine Gummischlange in ihr Bett. Dann schlich ich wieder ins Wohnzimmer zurück und guckte der Handlung des Films zu. Wenig später war der Film zu Ende. Mutti forderte uns sogleich auf, uns zu waschen und zu Bett zu gehen.
Ich kroch in mein Bett. Kurz danach vernahm ich einen Schreckensruf. Meine Schwester hatte die Schlange entdeckt! Laut schreiend stürzte sie aus dem Zimmer. Da verkroch ich mich unter die Decke und stellte mich schlafend.

L6

Nur die letzten Sätze folgen nicht richtig aufeinander.
... Nach der Kurve erblickten wir dann die Bescherung. Quer auf der Straße stand das italienische Auto. Es war dasselbe, das uns wenige Minuten vorher verkehrswidrig überholt hatte. Im Straßengraben daneben lag der Porsche auf dem Dach. Meine Mutter leistete erste Hilfe. Vater verständigte im nächsten Ort die Gendarmerie.

L9

Lösungsvorschläge:

Wenn ich in die Schule gehe, warte ich immer auf meinen Freund. Er wohnt im Nebenhaus. Gemeinsam gehen wir dann die Hauptstraße hinunter. Da kommen viele Autos und Radfahrer. Wir müssen Acht geben, dass wir nicht überfahren werden. Am Kirchenplatz ist ein Zuckerbäcker. In der Auslage des Ladens sind viele gute Sachen ausgestellt, die schauen wir uns an. Wenn die Uhr dreiviertel acht schlägt, laufen wir, damit wir nicht zu spät in die Schule kommen.

L11

Beim Drachensteigen

„Heute ist ein guter Wind zum

Drachensteigen", meinte eines Tages mein Vater. Gleich nach dem Mittagessen gingen wir daher auf die Wiese. Ich durfte den Drachen tragen. Auf der Wiese warf mein Vater den Drachen hoch in die Luft. Ich lief mit der Schnur. Bald schwebte der Drachen so hoch wie ein Haus.

L12

Lösungsvorschläge

1. Heute morgen ... Schnell ... Zum ersten Mal ...
2. Gestern ... Sofort ... Behutsam ...
3. Im Heim ... Daraufhin ... Schließlich ...
4. Nachmittags ... Mühsam ... Mit Hallo ...

L13

Lösungsvorschläge:

„Heuer wollen wir frühzeitig einen Christbaum kaufen", meinte meine Mutter. Am Nachmittag durfte ich mit ihr in die Stadt gehen. Bald entdeckten wir auf einem Platz viele Christbäume, die zum Verkauf angeboten wurden. Wir suchten uns einen aus. Als wir zahlen wollten, stellten wir fest, dass er zu teuer war. Doch der Mann ließ mit sich handeln. Er gab ihn uns billiger. Meine Mutter bezahlte dann den verlangten Preis. Mit vereinten Kräften schleppten wir schließlich den Baum heim und stellten ihn vorläufig in den Keller.

L16

„Mein erster Sprung vom Dreimeterbrett" oder
„Als ich einmal große Angst hatte"

L17

Lösungsvorschlag

Da musste ich lachen

Eines Nachmittags spielte ich mit meinen Kameraden Fußball. Als mein Freund Walter den Ball hatte, lief er eine Weile hinter ihm her und wollte ein Tor schießen. Immer wieder setzte er an, doch der Verteidiger ließ ihn nicht zum Schuss kommen. Endlich, ein Schuss, doch der Ball prallte an der „Torstange", einem alten Baum, ab und flog Walter ins Gesicht. Dabei verlor Walter auf dem feuchten Boden den Halt und fiel in eine Pfütze. Er war nicht verletzt, aber sah fürchterlich aus. Da mussten wir herzlich lachen. Walter lachte mit.

L18

Der erste Aufsatz (a) zeigt viele Mängel. Es wurde nicht über ein einziges Erlebnis erzählt, sondern der Ablauf des ganzen Nachmittags wurde dargestellt, wobei viel Nebensächliches, das nicht zum Thema passt, aufgeschrieben wurde. Die interessante Begegnung mit der Kröte jedoch wurde nur oberflächlich gestreift.

Der zweite Aufsatz (b) ist dagegen recht gut gelungen.

L19

Es wäre besser gewesen, wenn Hans nicht die gesamte Bahnfahrt, sondern nur einen kurzen Zeitabschnitt herausgegriffen hätte und diesen ausführlich dargestellt hätte.
Folgende Themen wären möglich:
Reisefieber – Beim Packen das Wichtigste vergessen – Am Fahr-

kartenschalter – Wo ist denn meine Fahrkarte? – Ausblick vom Fenster – Begrüßung auf dem Bahnsteig.

L20 Die Geschichte in der rechten Spalte ist lebendiger erzählt. Es wird die direkte Rede verwendet, aber auch durch Fragen und Ausrufe kann der Leser die Situation besser nacherleben. Am Höhepunkt des Geschehens wird von der Mitvergangenheit in die Gegenwartsform gewechselt.

L21 Lösungsvorschläge

a) Du Schlampian, räum' das Spielzeug auf! Man kann ja niemanden ins Zimmer führen.

b) Karli, iss endlich deine Suppe! Löffle sie aus, auch wenn sie dir heute nicht so gut schmeckt!

c) Diesen Film musst du dir unbedingt anschauen! Du hast doch genug Taschengeld. Ich hol' dich um 3 Uhr ab.

d) Komm, Schwarzer, komm her zu mir! Du bist ein braver Hund. Komm, gib mir deine Pfote!

L24 berichten, behaupten, beteuern, darlegen, erklären, erzählen, mitteilen, verkünden, versichern, versprechen, flüstern, brüllen, schreien, frohlocken, brummen, murren, nörgeln, stammeln ...

einwenden, verkünden, versichern, erklären, stammeln, beteuern, behaupten, rufen, meinen ...

L25 ruft, erwidert, beteuert, behauptet, wendet ... ein, fragt, antwortet ...

L29 Die Vase ist zerbrochen. Das Buch ist zerfetzt (zerlesen). Die Schuhe sind durchgelaufen. Das Kleid ist zerrissen (beschmiert, abgetragen). Die Taschenlampe ist ausgebrannt. Die Wurst ist verdorben (ungenießbar). Das Telefon ist gestört. Das Fahrrad ist unbrauchbar (nicht fahrbereit). Die Straße ist nicht befahrbar (benützbar).

L30 gestochen, ein Vogel, ein Schlosshund, ein Hase, gedruckt, ein Rohrspatz, ein Regenschirm, ein Loch

L31

a) hängte
b) legte
c) bohrte
d) spaltete
e) schloss
f) schrieb

L32 Ich öffne die Tür, dann schließe ich sie wieder. Du schlägst das Buch auf. Öffne die Schultasche! Verfasse einen Aufsatz! Der Lehrer zeichnet (malt) ein Bild. Er formt im Sandkasten einen Berg. Er blickt die Kinder freundlich an. Die Mutter kämmt (bürstet) sich die Haare. Sie wärmt (kocht) die Milch, bäckt einen Kuchen, bürstet die Kleider. Der Radfahrer reinigt sein Rad, spannt die Kette, schaltet das Licht ein. Die Schneiderin verlängert das Kleid.

L33 Ich fürchte mich nicht, wenn der Nikolaus kommt. Ich schreibe jetzt schon viel schöner. Die Mutter gießt die Blumen. Sie strickt einen Pullover. Er kocht das Essen (bereitet es zu).

L34 läuteten – stampften – rasselte – polterte – traten – schlug – rief – fürchteten – drückte sich – zitterte und weinte – klammerte – sprach – sagte – atmeten – trocknete – lachte – sammelte – zählte – teilte

L35 Wir wanderten auf der Landstraße, stiegen auf den Berg, betraten die Kirche, marschierten durch das Tal, eilten zum Bahnhof.

L37 Der zweite Text ist gelungener, denn in diesem wird ausführlich über ein einziges Erlebnis erzählt. Nach einer kurzen Einleitung (die ersten beiden Sätze) folgt der Hauptteil mit der offenen Situation und dem Höhepunkt (der unerwarteten Wendung) am Schluss. Der letzte Satz schließt den Aufsatz mit einem Rückblick ab. Im Gegensatz zum ersten Text ist der zweite überlegt aufgebaut.

L38 Die ersten drei Absätze bilden die Einleitung.
Mit dem Ausruf „Annemarie fehlt!" beginnt der Hauptteil mit der offenen Situation, die beim Leser Neugierde und Spannung erzeugt. Den Höhepunkt bildet die Stelle, wo die Kröte Annemarie beißt und diese um Hilfe schreit. Dieser Augenblick wird im Text breit ausgemalt. Das Problem (die Spannung) löst sich dann mit der Erklärung des Lehrers, dass Kröten harmlos sind.

L39 Die Einleitung bildet der erste Satz. Danach folgt der Hauptteil. Den Höhepunkt bildet der Satz „Wespen fielen über die Kinder her". Der Schluss wird durch den letzten Absatz ausgedrückt.

L40 Der erste Absatz bildet die Einleitung, der letzte den Schluss, dazwischen liegt der Hauptteil. Den Höhepunkt der Erzählung bildet die Aussage, dass der Ehe zwischen dem Schmutz und der Faulheit Flöhe als Kinder entsprossen sind.

L51 Der Anfang 1 weckt gleich das Interesse des Lesers und bezieht sich auf das Thema.

Der Anfang 2 ist zu kurz.

Der Anfang 3 ist zu lang.

Der Anfang 4 ist lebendig, aber inhaltlich falsch.

L57 Lösungsvorschlag:

Das ging noch gut aus

Als Gerlinde las, holte Wolfi Streichhölzer und wollte eine Kerze anzünden. Aber er verbrannte sich die Finger und ließ das Streichholz auf den Teppich fallen. Dieser fing Feuer, und Wolfi schrie laut auf. Darüber erschrak Gerlinde und lief ins Nebenzimmer. Schnell holte sie Wasser und löschte den Brand. Sie bekam schreckliche Angst vor Bestrafung, denn der Teppich zeigte Brandflecken. Als die Mutter und der Vater nach Hause kamen, bemerkten sie gleich den Brandfleck. Sie fragten, was passiert wäre. Gerlinde erklärte ihnen alles. Da schimpfte die Mutter, weil sie auf Wolfi schlecht aufgepasst hatte.

Angelika, 4. Klasse

L71

Die Einleitung bildet der erste Absatz. Darauf folgt der Hauptteil mit der offenen Situation (was geschieht, wenn sich der Frosch aufbläst?). Den Höhepunkt (die Wendung und Lösung) bildet dann die Mitteilung, dass er zerplatzt ist. Den Schluss bildet der letzte Absatz.
Die Lehre könnte sein: Wer mehr aus sich macht, als er ist, zahlt letzten Endes drauf.

L77

Lösungsbeispiel von einem Schüler:

Es war einmal ein junger Esel, der immer zu faul war, den Wagen zu ziehen. Er hatte die Idee, Stadtmusikant zu werden. Darum galoppierte er nach Bremen. Unterwegs traf er einen Hund. „Hallo, Hund, was ist mit dir los? Kommst du mit nach Bremen?“ „Ein toller Vorschlag. Ich habe sowieso keine Lust in die Hundeschule zu gehen“, antwortete der Hund. Also rannten sie weiter. Nach einiger Zeit trafen sie eine Katze, die lustlos in der Sonne lag. „Komm doch mit, wir wollen in Bremen Stadtmusikanten werden“, riefen die beiden. „Toll, ich habe auch keine Lust mehr, nach den Mäusen zu jagen, wo es doch Mausefallen gibt“, sagte die Katze. So gingen sie nun zu dritt weiter. Nach einiger Zeit trafen sie eine beleidigte Leberwurst. Es war der Hahn, der nicht mehr Wecker spielen wollte. „Es gibt doch Digitaluhren mit einer Weckvorrichtung“, meinte er. Da sagte die Katze: „Komm auch mit uns nach Bremen. Da werden wir Stadtmusikanten.“ Dem Hahn gefiel dieser Vorschlag sehr gut und er zog mit. Zu viert machten sie sich nun auf den Weg.

Sven

L78

Beispiele von Schülern

a) Das böse Rotkäppchen und der liebe Wolf

Rotkäppchen war ungehorsam und böse. Eines Tages sagte seine Mutter: „Mein liebes Rotkäppchen, gehe bitte zur Großmutter und bringe ihr Kuchen und Wein von Papa und mir.“ Da maulte das Mädchen: „Oh, das ist aber weit.“ Aber Rotkäppchen musste doch gehen. Es sang: „Ihr Vögel, ihr blöden Vögel!“
Der Wolf war dem Rotkäppchen gefolgt. Er war verärgert, weil Rotkäppchen mutwillig die Blumen zertrampelte. Und weil die Großmutter, die er kannte, eine böse alte Hexe war, verschlang er sie in einem Zug. Als dann das böse Rotkäppchen kam, fraß er es auch auf. Dann ging er in seine Höhle, wo sein Freund, der Jäger, auf ihn

wartete. Als ihm der Wolf seine Erlebnisse schilderte, freuten sie sich beide, dass es diese bösen Menschen nicht mehr gab.

Nina

b) Es war einmal ein Mädchen, das den schönen Namen Rotkäppchen führte. Als es einmal zur Großmutter gehen sollte, weil diese sehr krank war, hatte es keine Lust dazu. Aber schließlich machte es sich doch auf den Weg. Unterwegs sah es schöne Blumen auf der Wiese. Aber statt sie für die Großmutter zu pflücken, zertrampelte es die Blumen. Der Wolf aber, der beste Freund des Jägers, der immer aufpasste, dass die Leute im Wald kein Papier wegwarfen, ärgerte sich über das Rotkäppchen sehr. Er dachte: Der werde ich eins auswischen. Und er schlich in das Haus der Großmutter. Da die Großmutter vor ihm Angst hatte und ihn erschießen wollte, verschlang er sie kurzerhand. Nun holte er sich eine Schlafmütze aus dem Kasten und setzte sie auf. Dann legte er sich wie Großmutter ins Bett.
Als Rotkäppchen endlich mit viel Verspätung kam, fragte es: „Warum hast du so große Ohren?“ – „Damit ich dich besser hören kann.“ – „Und warum hast du so eine Gurkennase?“ – „Damit ich dich besser riechen kann“, antwortete der Wolf mit verstellter Stimme. Jetzt wollte es wissen: „Warum bist du so behaart?“ – „Weil ich an einem Schönheitswettbewerb teilnehmen will.“ Aber Rotkäppchen entgegnete frech: „So könntest du höchstens bei einem Hässlichkeitswettbewerb den ersten Preis machen.“ Über diese Antwort ärgerte sich der Wolf so sehr, dass er auch Rotkäppchen verschlang, obwohl er es ursprünglich nur erschrecken wollte. Dann ging der Wolf zum Jäger und sagte: „Schneide mir den Bauch auf und lass die unfreiwilligen Besucher heraus!“ Und so geschah es auch. Der Jäger las ihnen gehörig die Leviten. Der Wolf aber wurde zusammengenäht und bekam eine große Portion Chappi.

Sigi

c) Es war einmal ein reiches, geiziges Mädchen. Es lebte in einem großen Haus in der Stadt. Eines Tages wurde ihm langweilig und es lief weg. Unterwegs traf es einen Mann, der sagte: „Gib mir bitte ein Stück von deinem Brot.“ Aber das Mädchen antwortete: „Was fällt dir ein. Selber essen macht fett.“ Und es ging weiter. Da traf es eine Frau, die sagte: „Gib mir bitte ein Paar Socken für mein Kind, es friert so.“ Das Mädchen antwortete wieder: „Nein, ich gebe nichts her“ und stolzierte an der Frau vorbei. Am Abend kam es in einen großen Wald. Als es sich hinsetzte, um auszuruhen, begann es zu donnern und Pech zu regnen. Das Mädchen war nun sein Leben lang mit Pech bestraft.

Christine

L82

Der Wolf und der Schäfer

Ein alter Wolf kam zu einem Schäfer und **sprach:** „Du weißt, dass ich dir manches Schaf erwürgen könnte. Wenn du mir jedes Jahr sechs Schafe gibst, will ich deine Herde verschonen." Der Schäfer **entgegnete:** „Sechs Schafe? Das ist ja fast eine Herde!" Da **meinte** der Wolf: „Nun, weil du es bist, will ich auch mit fünf zufrieden sein." Der Schäfer **erwiderte:** „Du scherzt. Auch so viele will ich dir nicht geben." Der Wolf **fragte:** „Auch nicht vier?" Und als der Schäfer spöttisch den Kopf schüttelte, **fuhr** der Wolf **fort:** „Drei? – Zwei?" Lachend **antwortete** darauf der Schäfer: „Nicht ein einziges, denn es wäre töricht, dir etwas zu geben, da ich mich vor dir durch meine Wachsamkeit schützen kann."

Nach Lessing

L94

Lösungsvorschlag:

Wien, am …

Lieber Rudi!

Gestern wurde ich Zeuge eines Verkehrsunfalls. Auf der Kreuzung Wagramer Straße – Schüttaustraße stieß ein Auto einen Radfahrer nieder. Der Radfahrer wollte nach links in die Schüttaustraße abbiegen und war, ohne nach links zu blicken und Zeichen zu geben, von der rechten Seite der Fahrbahn nach links abgebogen. Ein Auto, das geradeaus fahren wollte, stieß ihn nieder und verletzte ihn. Der Radfahrer war zumindest mitschuldig an dem Unfall. Der Autofahrer hatte zwar gleich gebremst, aber es war zu spät. Als ich den Unfall bemerkte, rief ich gleich die Polizei von einem öffentlichen Telefonautomaten an, der an der Ecke steht. Kurze Zeit später kamen der Rettungswagen und ein Funkstreifenauto der Polizei. Der Verunglückte wurde auf eine Tragbahre gelegt und in das Rettungsauto geschoben. Die Polizeibeamten verhörten den Kraftfahrer und weitere Zeugen. Zwei Polizisten vermaßen die Unglücksstelle. Auch ich wurde befragt.
Hoffentlich ist dem Radfahrer nicht viel passiert. Sein Rad ist jedenfalls arg verbogen und unbrauchbar.
Es würde mich freuen, bald von dir zu hören.

Viele liebe Grüße, dein

Hans

L98

Lösungsvorschlag:

Am … verunglückte im Turnsaal der Volksschule … bei einer Turnübung am Barren der Schüler Walter Kögler.
Der Schüler sollte sich auf den Holmen des Barrens stützend fortbewegen und dann die Beine schwingen und nach vorn abspringen. Dabei sprang er unglücklich auf und verletzte sich das Gelenk am linken Fuß. Unmittelbar nach dem Unfall wurde telefonisch der Rettungsdienst verständigt, der den Buben ins Krankenhaus brachte. Die Eltern wurden vom Leiter der Schule benachrichtigt. Meines Erachtens liegt kein Fremdverschulden vor.

Josef Hofer

Klassenlehrer

L105 Lösungsvorschlag:

An der Tankstelle

Ein Auto fährt an der Tankstelle vor. Der Fahrer steigt aus und öffnet den Deckel des Tanks. Er wählt die richtige Treibstoffsorte und füllt den Tank. Dann hebt er die Motorhaube auf und kontrolliert, ob genug Motoröl vorhanden ist. Schließlich pumpt er noch einen Reifen, der etwas wenig Luft hat, auf. Der Fahrer geht zur Kasse und bezahlt, dann steigt er wieder in den Wagen, schließt die Tür und fährt ab.

L106 Eine Straße wird gebaut

Fritz und seine Schwester gehen täglich zur Baustelle. Sie beobachten, wie die Planierraupe die Erde zur Seite schiebt. Dann wird der Grund ausgehoben. Einige Tage später sehen sie, wie große Bruchsteine abgeladen werden. Sie werden über die ganze Fahrbahn verteilt. Darüber fährt anschließend die schwere Straßenwalze. Über diese Schicht wird dann von einer riesigen Asphaltiermaschine heißer Asphalt aufgetragen. Auch diese Schicht wird glattgewalzt. Wenige Tage später ist die ganze Straße fertig. Die Fahrbahn kann dem Verkehr übergeben werden.

L108 Die Sätze der Übung müssen in der folgenden Reihenfolge nummeriert und abgeschrieben werden: 8, 10, 4, 6, 11, 2, 1, 3, 9, 5, 7.

L110 Lösungsvorschlag:

Münchhausen nimmt an einem Feldzug teil. Er will einen Blick in die belagerte feindliche Stadt werfen und die Bewaffnung auskundschaften. Daher stellt er sich neben die Mündung einer Kanone. Als die Kugel heraussaust, springt er blitzschnell darauf. Auf ihr reitet er nun gegen den Feind. Während des Fluges kommen ihm Bedenken wegen der Rückkehr. Als ihm eine feindliche Kugel begegnet, hüpft er rasch auf diese hinüber und kehrt so wohlbehalten ins eigene Lager zurück.

L113 Die fehlenden Wörter sind:

gehen, markieren, fahren, schneiden, bringen, sägen, hobeln, bauen, lackieren, liefern, ausstellen

L120 Rezept einer Süßspeise:

Zutaten:
15 dag Brombeeren
15 dag Zucker
ein halber Becher Schlagobers
25 dag Topfen
5 Esslöffel Milch

Zubereitung:
Die Brombeeren zerdrücken, 10 dag Zucker darüberstreuen. Für die Creme Schlagobers steif schlagen, Topfen, Milch und den restlichen Zucker verrühren und mit Obers vermischen. Creme auf Fruchtmus schütten.

L123 Lösungsvorschlag:

Überraschungsball

Für dieses Spiel braucht man ein mittelgroßes Spielfeld. In der Mitte des Spielfeldes wird in etwa 2 Metern Höhe eine Schnur gespannt, die das Spielfeld in zwei gleich große Hälften teilt. Auf diese Schnur werden Betttücher gehängt, so dass man von den Spielern der gegnerischen Seite nur die Füße sehen kann.
Jede Mannschaft soll aus 5 bis 10 Spielern bestehen, welche die Aufgabe haben, einen Ball über die Betttücher in das gegnerische Spielfeld zu werfen, und zwar an einer Stelle, wo kein Spieler steht, so dass der Ball nur schwer gefangen werden kann.
Die Spieler der Gegenseite sollen den Ball fangen und zurückwerfen.
Da die Spieler jeweils nur die Füße der Gegner sehen können, ist es möglich, den Gegner auch zu täuschen und den Ball einem anderen Spieler der eigenen Partei zuzuspielen, der dann den Ball über die Leintücher werfen muss.
Wenn der Ball nicht gefangen werden kann, ergibt das einen Strafpunkt.
Sobald eine Partei mehr als 20 Strafpunkte hat, erklärt der Schiedsrichter das Spiel für beendet und stellt den Sieger fest.

L127 Hund zugelaufen

Am ... ist mir in der Josefsgasse ein junger Spaniel, braun, zugelaufen.
Er trägt kein Halsband. Abzuholen bei Wolfgang Berger, Kirchenplatz 9,
3. Stock, Tür 7.

L130 Verloren

Gestern, am ... habe ich irgendwo im Schulhaus meine Schultasche liegen gelassen. Es ist eine blaue Leinentasche, die innen mit Plastik versteift ist. Verschließbar ist sie mit zwei reflektierenden Steckschlössern. An der Außenseite ist ein rotes Leinenfach aufgenäht. Man kann sie mit einem Haltegriff tragen. Auf der Rückseite sind zwei verstellbare schwarze Gurten angebracht. Die Schultasche enthält meine Schulbücher und Hefte sowie ein ledernes Pennal. Auf den Heften steht mein Name. Bei der Anschaffung vor einem Jahr hat die Schultasche 350 Schilling gekostet.
Der Finder wird gebeten, die Tasche gegen Belohnung in der 4 a abzugeben.

Katrin Hofer

L131 Der Schwamm

L132 Die Geige

L133

1 Kotflügel
2 Wagentür (a Türgriff, b Fenster)
3 Rücksitz (Fond)
4 Stoßstange
5 Ersatzrad
6 Kofferraum
7 Gepäckträger
8 Rückspiegel
9 Fahrersitz
10 Lenkrad
11 Armaturenbrett
12 Windschutzscheibe

13 Scheibenwischer
14 Motorhaube
15 Kühler (Kühlergrill)
16 Blinklicht (vorne)
17 Scheinwerfer
18 Nummernschild
19 Bremslicht
20 Blinklicht (hinten)

L136 Bin bei Kurt, Mendelsohngasse 18/11, Tel. 19 38 12. Helfe ihm bei der Aufgabe. Komme um ca. 18 Uhr.

L140 Die Bedeutung der Zeichen verstehen alle, auch Ausländer, aber auch Kinder, die noch nicht lesen und schreiben können.

L141 Die Zeichen bedeuten: Briefkasten, Damenklosett, Herrenklosett, Taxistand, Erste-Hilfe-Station, Trinkwasser, Einbahn aus der Gegenrichtung, Einfahrt verboten (roter Ring), Fahren für Radfahrer verboten (roter Ring), Radweg (Fahrrad auf blauem Untergrund), Fußweg, U-Bahn.

L143 Beim Häschen-Schokolade-Preisausschreiben muss man

1. den Werbetext lesen,
2. den Namen „Häschen-Schokolade" zählen,
3. die Lösung auf eine Postkarte schreiben,
4. unterschreiben und das Alter angeben,
5. auf die Vorderseite der Postkarte den Absender schreiben und rechts ins Anschriftfeld die Anschrift von Häschen-Schokolade mit Kennwort „Preisausschreiben" vermerken.

L144 Der Name „Häschen-Schokolade" steht siebenmal auf dem Flugblatt.

Ernst Machart, 9 Jahre

L145 Lösungsvorschlag:

Häschen-Schokolade gibt Kraft und Ausdauer, schmeckt prima, macht fit.

L150 Liebe Eltern!

Am 19. Februar 19.. wollen die Schüler und Schülerinnen der 4 a das von ihnen verfasste heitere Theaterstück „Der Löwe im Paradies" aufführen.
Wenn Sie sich eine Stunde gut unterhalten wollen, kommen Sie bitte um 18.30 Uhr in den Festsaal unserer Schule.
Der Eintritt ist frei, doch werden Spenden zur Abdeckung der Spesen erbeten.

Die Schüler und Schülerinnen der 4 a

L153 Liebe Mitschüler und Mitschülerinnen!

Ich lade euch herzlich zu meiner Geburtstagsfeier ein, die am ... im

Garten des Hauses meiner Eltern, Neutorgasse 16, stattfindet.
Es wird gewiss lustig. Kommt gegen 16 Uhr!

Viele liebe Grüße eure
Rosi

L154 Liebe Rosi,

ich danke dir recht herzlich für deine Einladung. Leider kann ich an diesem Nachmittag nicht kommen, weil ich zum Zahnarzt bestellt bin. Ich bitte dich daher, mir nicht böse zu sein und mein Fernbleiben zu entschuldigen. Vielleicht ein anderes Mal.

Es grüßt dich herzlich deine
Liselotte

L158 Sehr geehrte Frau Lehrerin!

Soeben erhalte ich Ihre Benachrichtigung, dass Ihre Schüler und Schülerinnen an dem von Ihnen vorgesehenen Wandertag erst um 20:30 Uhr nach Liesing zurückkehren würden. Da wir in Sulz im Wienerwald wohnen und der letzte Autobus von Liesing nach Sulz schon um 20 Uhr abfährt, hat meine Tochter Lisi keine Möglichkeit mehr, an diesem Tag nach Hause zu fahren.
Ich ersuche Sie daher, es so einzurichten, dass die Ankunft in Liesing schon vor 20 Uhr erfolgt, damit Lisi den letzten Autobus noch erreicht.

Mit freundlichen Grüßen
Franz Dorner

L161 Für Hausübungen spricht Folgendes:
Hausübungen dienen zur notwendigen Einübung und Vertiefung des in der Schule Gelernten.
Bei Hausübungen kann der Schüler zeigen, dass er Aufgaben auch ohne Hilfe des Lehrers lösen kann.
Bei Hausübungen kann in einem persönlichen Tempo gelernt und geübt werden. Es ist keine Arbeitszeit vorgeschrieben. Hausübungen sind daher auch von der Schulbehörde vorgeschrieben.
Nur zu Hause kann der Schüler ungestört lernen.

Gegen Hausübungen spricht Folgendes:
Hausübungen sind entbehrlich, wenn die notwendige Übung und Vertiefung des Lehrstoffes schon in der Schule erfolgt.
Auch in der Schule sollte dem Schüler die Möglichkeit gegeben werden, Aufgaben selbstständig zu lösen, dann sind Hausübungen überflüssig.
Auch in der Schule könnte dem Schüler so viel Zeit gelassen werden, dass er in seinem persönlichen Tempo lernen kann. Die Vorschriften, Hausübungen zu geben, müssten eben abgeschafft werden, dann hätten die Schüler mehr Freizeit.
Bei gegebener Selbstdisziplin aller Schüler kann auch in der Klasse die erforderliche Ruhe für konzentriertes Arbeiten geschaffen werden.

L162 Sehr geehrter Herr Müller,

selbstverständlich werde ich Ihrem Wunsch nachkommen und mit meinen Kindern sprechen. Sie werden gewiss Verständnis für Ihre Anliegen zeigen und künftig im Hof nicht mehr unnötig lärmen bzw. an anderen Orten spielen.

Mit freundlichen Grüßen
Franz Helmer

*L*164

Sehr geehrte Frau Wollein!

Im Keller unseres Hauses steht ein altes Kinderfahrrad. Wie ich festgestellt habe, gehört es Ihnen bzw. Ihrem Sohn. Da ich kein Fahrrad habe und gern Rad fahren möchte, bitte ich Sie höflich, mir das Rad zu leihen. Ich werde gewiss gut aufpassen, dass es nicht beschädigt wird. Wie Sie wahrscheinlich wissen, bin ich neun Jahre alt und wohne im gleichen Haus.

Es grüßt Sie freundlich Ihr
Gerhard Haumer

*L*166

Sehr geehrter Herr Bürgermeister!

Wir, die Schüler der Volksschule Grub, wollen zum Schuljahrsende ein Sportfest veranstalten. Leider steht uns kein geeigneter Platz zur Verfügung.
Deshalb fragen wir höflich an, ob Sie uns erlauben würden, auf Ihrer Wiese neben der Schule das Sportfest abzuhalten. Sie könnten die Wiese vorher mähen, dann würde das Gras sicherlich nicht leiden.

Mit freundlichen Grüßen
Karl Freund
Schulsprecher der Volksschule Grub

Nachschrift: Unsere Lehrer haben uns bei diesem Brief geholfen und sind mit dem Inhalt einverstanden.

*L*175

... dir ... dich ... du ... deiner ... deinem ... du ... Ihnen ... Sie ... Ihrem ... Sie ... Ihnen ... Sie ... Ihrer

*L*188

Der Pinguin kann nicht fliegen, aber er ist der tüchtigste Schwimmer unter den Vögeln. Sein Federkleid liegt ganz eng an. Seine Vorderbeine sind keine Flügel, sondern kräftige Flossen. Seine Hinterbeine sind kurz und tragen zwischen den Zehen Schwimmhäute. Pinguine sind Fischfresser. Sie schwimmen und tauchen flink, legen aber auch an Land, watschelnd und rutschend, weite Strecken zurück, um zu ihren Brutplätzen zu kommen. Brandung, hoher Seegang, Kälte: all das stört den Pinguin nicht. Er schnellt sich aus dem Wasser heraus, um zu atmen, und er springt ein bis zwei Meter hoch auf eine Eisplatte oder an Land. Pinguine gibt es nur auf der südlichen Halbkugel der Erde. Die größten Arten leben in der Antarktis: der 80 cm große Königspinguin und der 1,20 m große Kaiserpinguin.

*L*189

Maulwurf frisst täglich Körpergewicht: Käfer, Würmer, Engerlinge und Mäuse – ausgezeichneter Geruchssinn – walzenförmigen Körper – bis zu 14 cm lang – kegelförmiger Kopf mit Rüsselschnauze – Ohrenöffnung verschließbar – Augen wie Stecknadelköpfe – dichtes schwarzes Fell – gräbt lange Gänge – Vorderbeine Grabschaufeln – wirft Erde nach hinten – Maulwurfsbau System von

Gängen – mehrere Wohngruben – Weg zum Grundwasser – Einzelgänger – nützlich – bei Gärtnern nicht beliebt

L190 Warum Umweltschutz?

Umweltschutz wird von immer mehr Menschen als dringend notwendig angesehen. Das war leider nicht immer so. Die Gefahren, die das „moderne" Leben mit sich bringt, sind lange Zeit unterschätzt worden.
Abfälle enthalten immer auch giftige Stoffe, die durch das Wasser eines Baches oder durch Regen ausgewaschen werden und ins Grundwasser geraten – das wir dann aus einer Quelle oder einem Brunnen trinken. In Bächen und Flüssen, in die oft auch schädliche Abwässer aus Werkstätten, Fabriken und Haushalten (Waschmittel!) fließen, sterben die Fische. Krankheitserreger geraten ins Wasser, das mit der Zeit zu stinken beginnt.
In den Abgasen aus Autos und Heizungen (auch im Tabakrauch) ist das giftige Kohlenmonoxyd. Wer zu viel davon erwischt, dem wird übel, er wird bewusstlos, kann daran auch sterben. In den Autoabgasen ist auch, als ganz feiner Staub, das giftige Blei; wir atmen es ein. Auch Rinder atmen das Blei ein und nehmen es mit dem Futter, das an der Straße wächst, zu sich; es gelangt dann in ihr Fleisch und ihre Milch. Die Luft in den Städten wird von Jahr zu Jahr reicher an Giftstoffen. Daher kommt es tatsächlich auf jeden einzelnen Baum an. Denn Bäume sind die wichtigsten Luftverbesserer.
Auch der Lärm ist heimtückisch. An Lärm kann man sich nicht gewöhnen. Lärm macht müde, nervös, gereizt, unaufmerksam, schlaflos. Lärm macht krank – auch wenn er nicht zu stören scheint. Jeder kann in seinem Bereich etwas zur Bewahrung einer gesunden Umwelt tun.

Stichwortverzeichnis

Die Zahlen geben die Seiten an.

Weiterführendes Schrifttum – Handbücher zum Deutschunterricht

Bamberger/Binder/Vanecek
Zehnjährige als Buchleser, Verlag Jugend und Volk, Wien

Bamberger/Vanecek
Lesen – verstehen – lernen – schreiben, Verlag Jugend und Volk, Wien

Binder, Lucia
Jugendbuchautoren aus aller Welt, 2 Bände, Verlag Leinmüller, Wien

Binder, Lucia
Lexikon der Jugendschriftsteller in deutscher Sprache, Verlag Leinmüller, Wien

Binder, Lucia
Österreichische Kinder- und Jugendliteratur, Verlag Leinmüller, Wien

Dostal, Karl Albert
Aufsatzschreiben – leicht gemacht. Verfassen von Texten
Band I: 5. und 6. Schulstufe
Band II: 7., 8. und 9. Schulstufe
Veritas, Linz

Dostal, Karl Albert
Der Deutschunterricht auf der 5. bis 9. Schulstufe. Ein methodisch-didaktisches Handbuch für Lehrer, Österreichischer Bundesverlag, Wien

Dostal, Karl Albert
Deutsch – leicht gemacht. Rechtschreib- und Sprachübungen
Band I: 5. und 6. Schulstufe
Band II: 7., 8. und 9. Schulstufe
Veritas, Linz

Dostal, Karl Albert
Lesequelle. Lesebuch für Volksschulen, 3 Bände für die 2., 3. und 4. Klasse, Verlag Leitner, Wien

Dostal, Karl Albert
Methodik des Schreibunterrichts in der Volks- und Hauptschule, Verlag Jugend und Volk, Wien

Dostal, Karl Albert
Nachhilfe Deutsch. 5. bis 9. Schuljahr,
Band 1: Übungen zur Rechtschreibung und Zeichensetzung,
Band 2: Übungen zum richtigen Sprachgebrauch und zur Grammatik,
Band 3: Aufsatzübungen, Texte verfassen,
Band 4: Redeübungen, Gesprächstraining, Ausspracheübungen; alle Bände mit Lösungsangaben, Verlag Leitner, Wien

Dostal, Karl Albert
Schön schreiben – keine Kunst, 3 Übungshefte für Schüler der 2., 3. und 4. Schulstufe, Österreichischer Bundesverlag, Wien

Dostal, Karl Albert
Wort und Bild. Wörterbuch für Volksschüler, Verlag Ueberreuter, Wien

Dostal/Nieszner
Sprach- und Rechtschreibübungen. 3./4. Schulstufe, Veritas, Linz

Internationales Institut für Jugendliteratur und Leseforschung (Herausgeber)
1001 Buch. Verzeichnis empfehlenswerter Kinder- und Jugendbücher, Verlag Jugend und Volk, Wien

Karst, Theodor
Kinder- und Jugendlektüre im Unterricht, Verlag Klinkhardt, Heilbronn

Langheinrich, Claus
Erfolgreiches Lesen, Verlag Oldenbourg, München

Maier, Karl Ernst
Jugendschrifttum, Verlag Klinkhardt, Heilbronn

Meiers, Kurt (Herausgeber)
Erstlesen, Verlag Klinkhardt, Heilbronn

Meyer, Hans
Lese- und Rechtschreibschwäche und ihre Behandlung im Unterricht, Verlag Schroedel, Hannover

Müller, Erhard
Lesen in der Grundschule, Verlag Oldenbourg, München

Radigk/Knebel/Bruns
Lesenlernen ohne Versagen, Verlag Schroedel, Hannover

Ritz-Fröhlich, Gertrud
Weiterführender Leseunterricht in der Grundschule, Verlag Klinkhardt, Heilbronn

Sauter, Helmut
Modelle des schriftlichen Sprachgebrauchs in der Grundschule, Verlag Auer, Donauwörth

Singer, Kurt
Lebendige Lese-Erziehung, Verlag Ehrenwirth, München

Sirch, Karl
Rechtschreibunterricht, Verlag Klett, Stuttgart

Topisch, W.
Lesenlernen. Erstleseunterricht, Verlag Kamp, Bochum

Wagner, Reinhold
Formen schriftlichen Sprachgestaltens in der Grundschule, Verlag Prögel, München

Watzke/Strank
Theorie und Praxis des Rechtschreibunterrichts in der Grundschule, Verlag Auer, Donauwörth

Quellennachweis

Seite 14, Übung 14: Die schlaue Lotta, aus: Lindgren, Astrid: Die Kinder der Krachmachergasse, Verlag Friedrich Oetinger, Hamburg

Seite 22, Übung 26a: Das Gewitter, aus: Kampe, Otto: Ein Korb voll Kirschen, Carl Marhold Verlagsbuchhandlung, Berlin

Seite 22, Übung 26b: Die Lügenbrücke, aus: Die schönsten Geschichten zur guten Nacht, Zweig, Velber

Seite 26, Übung 36: Halberstadt, Liane: Geheimnisvolle Geräusche, aus: Reiners (Herausgeber): Der ewige Brunnen, C. H. Beck'sche Verlagsbuchhandlung, München

Seite 29, Übung 38: Blum, Lisa-Marie, aus: Die Kröte, aus: Bödecker (Herausgeber): Die Kinderfähre, Union-Verlag, Stuttgart

Seite 30, Übung 40: Die Entstehung der Flöhe, Zigeunermärchen, aus: Die schönsten Tiermärchen, Janus-Bibliothek, Stuttgart

Seite 47, Übung 66a: Äsop: Der Löwenanteil, aus: Reinhart Dithmar: Fabeln aus drei Jahrtausenden, © 1996 Artemis und Winkler Verlag, Düsseldorf und Zürich

Seite 47, Übung 66b: Das ist die richtige Prinzessin!, aus: Paehr, Gunhild: 6. 6. 6. Uhr 6, Verlag Friedrich Oetinger, Hamburg

Seite 48, Übung 67: Der Hahn, aus: Busta, Christine: Das andere Schaf, Stiasny Verlag, Graz – Wien

Seite 51, Übung 71: Der größenwahnsinnige Ochsenfrosch, aus: Fabeln des Äsop. Nacherzählt von Rudolf Hagelstange, © by Ravensburger Buchverlag 1965.

Seite 52, Übung 74: Wie Eulenspiegel in die Luft schaute, aus: Steguweit, Heinz: Eulenspiegel darf nicht sterben, Fischer Verlag, Göttingen

Seite 54, Übung 80: Junker Prahlhans, aus: Sutermeister, Otto (Herausgeber): Kinder- und Hausmärchen, 1869 bei Sauerländer, Aarau – Frankfurt am Main

Seite 59, Übung 88: Leiter, Hilde: Gespräch mit einem Wassermann, aus: Sprachbastelbuch, Jugend und Volk, Wien

Seite 62, Übung 92: Die goldenen Schuhe, aus: Max Stebich, Im Märchen um die ganze Welt, Breitschopf Verlag, Wien

Seite 69, Übung 103: Guggenmos, Josef: Wenn Riesen niesen, Ueberreuter, Wien

Seite 75, Übung 110: Freiherr von Münchhausen: Der Ritt auf der Kanonenkugel. Nacherzählung des Volksbuches, aus: Kästner, Erich: Gesammelte Schriften, Atrium Verlag, Zürich

Seite 106, Übung 188: Bröger, Achim (Herausgeber): Meyers Großes Kinderlexikon, Bibliographisches Institut, Mannheim – Wien – Zürich

Seite 106, Übung 189: Duderstadt, H., u. a. (Herausgeber): Biologie 5, Diesterweg, Frankfurt am Main

Bildnachweis

Seite 14, Übung 14: Dostal, Karl Albert / Nieszner, Irene: Lesequelle 2, Leitner, Wien

Seite 40, Übung 52: Kossatz, Hans: Willi und Familie Kaiser, Illustrierte Presse GmbH, Stuttgart

Seite 41, Übung 53: plauen, e. o.: Vater und Sohn, Band II, Südverlag, München

Seite 42, Übung 54, und Seite 80, Übung 118: Dostal Karl Albert / Nieszner, Irene: Lesequelle 3, Leitner, Wien

Seite 72, Übung 105: Duden, Band 3: Bildwörterbuch der deutschen Sprache, Bibliographisches Institut, Mannheim – Wien – Zürich

Seite 86, Übung 133: Dostal, Karl Albert: Nachhilfe Deutsch 3, Leitner, Wien